rhyddhau'r
CRANC

I Mam (Sian Vaughan Wilkinson)

rhyddhau'r CRANC

Malan Wilkinson

Diolch arbennig i'm teulu agos –
Manon, Medi a Dad (Douglas Wilkinson);
i June Jones (fy CPN/Nyrs Seiciatryddol Gymunedol);
i Louise Brookwell (seicolegydd); i Julie Evans (therapydd);
i Dr Simon Moseley (seicolegydd);
i'm ffrindiau annwyl – Elin Wyn Huws, Sophie Ann,
Siobhan Davies, Lowri Larsen, Angharad Job, Sioned Glyn
ac i bawb arall am bob cefnogaeth ar hyd y daith.

Argraffiad cyntaf: 2018

Dymuna'r cyhoeddwyr gydnabod cymorth ariannol
Cyngor Llyfrau Cymru

Cynllun y clawr: Siôn Jones
Lluniau'r clawr: Iolo Penri

Rhif Llyfr Rhyngwladol: 978 1 78461 571 0

Cyhoeddwyd, rhwymwyd ac argraffwyd yng Nghymru gan
Y Lolfa Cyf., Talybont, Ceredigion SY24 5HE
gwefan www.ylolfa.com
e-bost ylolfa@ylolfa.com
ffôn 01970 832 304
ffacs 832 782

TROEDIO'R DAITH

Ydach chi 'rioed wedi syllu i grombil peiriant golchi mewn *launderette* ac wedi gweld y dillad mewn rhesi ohonynt yn troelli'n wyllt, cyn meddwl bod eich bywyd chi'n teimlo rhywbeth yn debyg? Y teimlad hwnnw o fod mor chwil fel nad ydach chi'n medru teimlo'r canol llonydd rhagor?

Mae byw efo anhwylder meddyliol, fel iselder neu anhwylder personoliaeth ffiniol (Borderline Personality Disorder) yn teimlo fel hynny – heblaw nad ydan ni'n gwybod ar unrhyw adeg benodol ar ba olch ydan ni. Fe allen ni fod ar y golch cotwm neu'r Spin and Dry. Ond falle ein bod ni ar y Permanent Press, y Delicate Cycle neu'r Drain and Spin. Coblyn o beth ydy peidio gwybod pa mor hir y gwnaiff yr holl gylchdro ei gymryd na sut gyflwr fyddwn ni, 'y dillad', ynddo ar ddiwedd yr holl halibalŵ.

Falle pan ddaw'r olch i ben y byddan ni'n teimlo'n dda, fel newydd eto – falle ddim. Falle bydd lliwiau'r dillad wedi gwaedu i mewn i'w gilydd a bod y gwyn bellach yn binc. Falle bod dwy hosan wedi troi'n un, a dim golwg o'r llall. Neu falle bod y dilledyn ddwy waith y maint roedd o cyn mynd i mewn a ninnau'n difaru wedyn na fyddan ni wedi mynd i'r drafferth i'w olchi â llaw. Falle, dros amser, ein bod ni'n dod i sylweddoli (waeth pa bowdwr crand brynwn ni) nad yw'r Perfect Black na'r Ultra White byth o fewn ein cyrraedd. Mae un peth yn siŵr: dyw dilledyn, waeth beth ydy o, fyth yr un fath wedi ei olchi. Mae mynd drwy episodau creisis iechyd meddwl yn union 'run fath. Dydan ni byth yn dod allan ohono yr un fath â'r hyn roeddan ni cyn mynd i mewn. A'r cwestiwn mawr – sut ydan ni'n delio â hynny?

Dyma le da i ddechrau. Dwi wedi dioddef pedwar episod difrifol o argyfyngau iechyd meddwl hyd yma, sydd wedi fy ngweld i'n gyson yn cael fy rhoi mewn unedau seiciatryddol. Cyn, ac ar ôl, yr episodau hyn dwi wedi parhau i weithio ac i geisio ailadeiladu fy mywyd gyda ffrindiau a theulu yn y gymuned. Bob tro dwi'n dod allan o'r ysbyty dwi'n berson ychydig yn wahanol i'r hyn ro'n i cyn mynd i mewn. Falle mai ymdrech yw'r llyfr hwn felly i rannu ychydig o 'mywyd efo chi. Nid rhannu'r episodau iechyd meddwl yn unig ond fy mywyd yn ei holl ehangder gan mai bywyd yw'r cyfan yn y pen draw, ac mae'n amhosibl ynysu fy mhrofiadau oddi wrth eu cyd-destun ehangach. Dwi'n gobeithio y bydda i'n bwrw goleuni ar y dwys a'r doniol yma ac yn trafod episodau difrifol, a fyddai, fel arall, yn dabŵ. Mi fyddai ymdrechu i ysgrifennu llyfr am y fath destun gan guddio pethau, a/neu fod yn anonest, yn wastraff o fy amser i a'ch amser chi – gobeithio felly y gallwch droedio'r daith unigryw hon gyda mi.

PRYFAID COCHION

Rydan ni i gyd wedi diodde o baranoia ar ryw adeg neu'i gilydd, am wn i. Weithiau, mae 'na ateb syml ond droeon eraill mae tarddiad y paranoia ychydig yn fwy cymhleth.

Ar fy ffordd i apwyntiad yn Uned Seiciatryddol Hergest yn Ysbyty Gwynedd Bangor ro'n i, a newydd frwsio fy nannedd a thaflu dŵr sebon oer ar fy ngwyneb. Mae'r coctel tabledi dwi'n ei gymryd gyda'r nos yn golygu'n aml 'mod i'n araf wrth fy ngwaith yn y bore. Mae defnyddio dŵr oer yn fy helpu'n aml i roi sioc i'r system ac i ddechrau'r diwrnod ychydig fwy o gwmpas fy mhethau. Toc wedi gwneud hynny y bore hwnnw digwyddais edrych i lawr ar y sinc, a dyma weld pry copyn du mawr a'i goesau'n wan dan lif y dŵr oedd yn chwyrlïo'n gyflym i lawr y twll.

Mi ddaeth i mi fel ergyd – nid un pry cop oedd yno yn wreiddiol, ond dau. Do'n i heb weld y cyntaf, meddyliais, gan 'mod i'n rhy brysur yn golchi fy ngwyneb. Heb yn wybod i mi, ro'n i wedi cael gafael arno efo'r dŵr oer a'r sebon ac wedi'i luchio ar fy ngwyneb a'i lyncu ar ddamwain. Roedd y pry lyncais i yn feichiog! Mi ddechreuais deimlo mwy a mwy ohonyn nhw yn cronni y tu mewn i mi yn glystyrau enfawr.

Dyma nhw'n dechrau yn fy stumog ac ymledu wedyn i lif y gwaed, gan gropian i fyny fy mraich ac i lawr fy nghefn gan brysur basio'i gilydd wrth chwilio am ffordd allan o 'nghorff i. Dyma fap y pryfaid. Teimlad brawychus oedd gwybod eu bod nhw'n lluosi yndda i a minnau'n gwbwl ddiymadferth. Mi driais daflu i fyny gan wthio fy mrwsh dannedd mor bell ag y bydda fo'n mynd i lawr fy nghorn gwddf, ond ddaeth 'na ddim pryfaid allan. Panig gwyllt. Os oeddan nhw dan fy nghroen a minnau'n methu â'u cyffwrdd, roedd yn rhaid i mi eu lladd nhw rywsut. Dyma ddechrau taro fy mraich, fy mhen a gweddill fy nghorff yn galed yn erbyn wal yr ystafell ymolchi mewn ymdrech ffrantig i'w lladd nhw. Ond ro'n i'n dal i'w teimlo nhw'n symud ym mhobman dan fy nghroen. Doedd dim amdani felly ond mynd ati i dorri fy nghroen a thynnu gwaed, i'w rhyddhau nhw a minnau o'u caethiwed.

Ond gwaed ddaeth allan. Nid pryfaid, ond gwaed coch. Erbyn hyn, ro'n i'n gwbwl argyhoeddedig bod pob pryfyn bach oedd y tu mewn i mi, ac eithrio'r frenhines, yn goch, yn dryloyw ac yn rhedeg drwy lif fy ngwaed. Mae'n swnio fel golygfa o ffilm arswyd ac roedd yr holl brofiad yn teimlo felly. Erbyn canol y bore, ro'n i'n gwbwl argyhoeddedig bod ymerodraeth fawr o bryfaid yn cropian drwy 'nghorff i, gyda'r cyfan yn cael eu rheoli gan frenhines oedd yn cuddio yn rhychau fy ymennydd.

Mi eisteddais i gyferbyn â'r seiciatrydd y bore hwnnw a deud, yng nghanol fy ofn, y byddai'r pryfaid cop yn dechrau cropian allan o'm llygaid, trwyn, ceg, a 'nghlustiau yn ystod yr apwyntiad am fy mod i'n eu teimlo nhw'n procio fy nghnawd wrth geisio chwilio am ffordd allan.

Bob hyn a hyn mi fyddwn i'n dyrnu rhannau gwahanol o 'nghorff i geisio'u lladd nhw. Canlyniad hynny oedd adolygiad cyffuriau. Roedd hi'n amlwg i mi erbyn hyn fod y cyfan wedi mynd yn rhy bell, a minnau am y pedwerydd tro angen bod yn ôl yn yr ysbyty. Felly, yn fy ôl es i Uned Seiciatryddol Hergest. Dyma'r arhosiad mwyaf diweddar.

Wrth gwrs, rhan fechan ohona i yw'r salwch, nid dyma pwy ydw i. I ddeall mwy am hynny, rhaid troi'r cloc yn ôl i ddyddiau fy mhlentyndod.

Y DECHRAU

Mae dechreuadau yn anodd. Dyna pam, o bosib, nad ydan ni'n cael llais yn ein dechreuad ein hunain na chyfle i fynegi barn. Mae o'n un o'r pethau yna sydd, wel, jyst yn digwydd. Wnes i ddechrau pennod mewn cyfrol ddiweddar am iechyd meddwl gan y Lolfa, *Gyrru Drwy Storom*, gan ddatgan: 'Wnes i erioed ddewis byw, ac mae'n debyg na cha i ddewis marw.' Peth felly ydy o, heb swnio'n feirniadol nac yn chwerw. Yn ymddangosiadol, mae bywyd yn llawn dewisiadau a llwybrau. Ac eithrio'r dechrau a'r diwedd, wrth gwrs. Felly, mi ddechreua i yn y dechrau – fel ag yr oedd hi.

Mi ges i 'ngeni yn un o drilliaid yn Ysbyty Gwynedd, Bangor. I'r rheiny ohonoch chi sydd â diddordeb mewn daearyddiaeth, fe ges i 'ngeni yng nghornel y dillad isaf yn lle mae siop Matalan ym Mangor rŵan. Mae gen i ddwy chwaer, Manon a Medi. Fi yw'r ieuengaf, o ddau funud, meddan nhw. Er, dwi'n amau'n eithaf aml nad oeddan nhw'n gwybod yn iawn p'run oedd p'run, ond mae honno'n stori arall! Mae Manon yn gweithio fel actores a Medi yn gweithio fel cyfieithydd. Dwi erbyn hyn yn gweithio i gwmni radio a theledu Chwarel. Mi ddechreuais i fy ngyrfa broffesiynol fel newyddiadurwr ar wefan Golwg360 dan arweiniad medrus Dylan Iorwerth

– a mwynhau'r dechrau yna i 'mywyd proffesiynol yn fawr. Es i mlaen o'r fan honno i weithio fel swyddog marchnata i Gwmni'r Frân Wen, cyn gweithio am dair blynedd fel Dirprwy Gyfarwyddwr Artistig Galeri, Caernarfon.

Falle bod y dechrau yn gyfle i gael y pethau diflas o'r ffordd – felly dyma ni. Dwi'n casáu madarch a pheilons (ar ôl gorfod campio wrth ymyl un yn yr Eisteddfod Genedlaethol stalwm. Hen bethau hyll a swnllyd!). Dwi hefyd yn casáu llefydd gorboblog neu fannau bychain lle mae'n rhaid cyfaddawdu ynghylch gofod personol.

Ro'n i'n arfer meddwl, pan o'n i'n blentyn, bod defaid sy'n byw ar fryniau yn fridiau gwahanol o ddefaid – defaid oedd â dwy goes hir a dwy goes fer. Ro'n i hefyd yn bur argyhoeddedig bod 'na ffordd o finio pensel yr holl ffordd i'r cymylau. Es i drwy bacedeidiau o bensiliau yn ceisio canfod y gyfrinach fawr – na ddaeth, yn amlwg.

Coel fach arall oedd gen i oedd bod 'na iâr fach arbennig yn dewis dodwy wyau mewn bocsys gwellt ro'n i wedi'u creu yn y sied gefn – tan i fi sylwi mai Mam oedd yn gosod yr wyau yn y bocsys yn nhwllwch nos, cyn i mi godi. Mi sylwais i nad oedd iâr o'r fath yn bodoli ar ôl i mi greu bocs un prynhawn (a pheidio deud wrth Mam). Mi ddisgwyliais i am noson, neu ddwy neu dair, cyn sylwi naill ai nad oedd yr iâr â diddordeb rhagor *neu* nad oedd hi'n bodoli o gwbwl; hynny *neu* ei bod wedi cael bowt anffodus o amnesia. A finna ddim cweit yn siŵr pa un, mi benderfynais beidio siomi Mam, codi'n gynnar a gosod dau wy o'r cwpwrdd gegin yn y bocs! Mi gafodd Mam beth syndod pan ddeudais i wrthi fod yr iâr wedi bod!

Am ran helaeth o fy mhlentyndod, roedd fy rhieni yn cadw gwesty gwely a brecwast. Roedd Mam yn athrawes ac yn brifathrawes yn ddiweddarach, a Nhad yn cadw'r busnes gwely a brecwast i fynd, efo help gan Mam pan oedd hi ar gael. Roedd 'na rai wynebau cyfarwydd yn aros yn aml, fel y canwr Meic Stevens, Heather Jones a'r actores *Pobol y Cwm* bryd hynny, Marion Fenner. Roedd cyfarfod pobol newydd o bedwar ban byd yn braf – rhai yn siaradus, eraill yn dawelach. Roedd gan bawb stori ac roedd Mam wrth ei bodd yn siarad â theuluoedd ac unigolion am beth oedd wedi dod â nhw i Gaernarfon. Roedd ganddi un rheol bwysig pan ddeuai i ateb y drws i ymwelwyr, a hynny oedd i groesawu pawb.

Un atgof gwahanol sydd gen i o ddyddiau cynnar y gwely a brecwast ydy dyn yn ei dridegau cynnar yn dod i'r drws yn gafael mewn bag plastig. Roedd ei wallt o'n glymau a'i ddillad o'n rhy fawr iddo. Roedd o eisiau ystafell sengl am noson. Fe ddangosodd Mam yr ystafell iddo ac mi dderbyniodd – un fawr gyda golygfa o'r Fenai, carped lliw hufen a gwely moethus derw ynddi. Roedd popeth yn dawel am chydig. Wedyn, fe glywais i sŵn taro uchel, fel rhywun yn dyrnu llawr y llofft. Fe es i'n ddistaw bach i glustfeinio (rhywbeth do'n i ddim i fod i'w wneud dan unrhyw amgylchiadau, afraid deud!) a'i glywed yn llafarganu rhywbeth am y Frenhines Elizabeth II. Mi stopiodd yn sydyn cyn dechrau egluro mewn llais pregethwrol ei fod yn gosod y *sachets* llefrith oedd yn yr ystafell yn goron am ben y frenhines. Daeth hi'n amlwg fod y weithred hon yn un ailadroddus. Weithiau roedd y brawddegau'n gwneud synnwyr, droeon eraill ro'n i'n ei golli'n gyfan gwbwl. Roedd Mam wedi clywed y curo hefyd, ac wrth reswm yn teimlo'n ansicr, efo teulu ifanc yn y tŷ. Ymhen yr awr roedd heddwas wedi cyrraedd ac mi adawodd y dyn o'i wirfodd, yn ddi-ffŷs. Roedd newydd ddod allan o'r ysbyty, mae'n debyg. Dyma'r profiad cyntaf gefais i o iechyd meddwl, er nad o'n i ddim cweit wedi deall hynny ar y pryd. A meddwl yn ôl, roedd gen i biti drosto. Piti ei weld ar ei ben ei hun. Piti nad o'n i'n ei ddeall a phiti ein bod wedi ffonio'r heddlu.

Cyfarfod ym Mhorth yr Aur, Caernarfon, wnaeth fy rhieni. Fe ddaeth Dad i mewn i Gaernarfon fel morwr, gweld Mam yn sefyll ym Mhorth yr Aur, ac mae'r gweddill yn hanes, fel maen nhw'n deud. Mae Nhad yn cyfrif ei hun yn Gymro er nad ydy o'n gallu siarad Cymraeg. Roedd Mam yn Gymraes bybyr oedd yn arddel gwerthoedd eithaf traddodiadol, ond fy nhad ar y llaw arall yn rhyddfrydol iawn ei werthoedd. Mi gaswon ni'n tair fagwraeth dda, solad, magwraeth capel. Roedd capel ar ddydd Sul yn golygu gwisgo dillad gorau a dysgu am Dduw. Dwi'n deud hynny wrth gofio am un achlysur pan roddwyd y tair ohonan ni mewn un tîm ar gyfer digwyddiad Cwis Beiblaidd yng Nghapel Seilo, Caernarfon. Roedd Mam a Nain yn eistedd yn obeithiol yn y gynulleidfa, hyd at tua hanner ffordd – mi fethon ni'n tair gael yr un ateb yn gywir, er mawr cywilydd i'r ddwy, dwi'n siŵr!

Roedd Mam hefyd yn arddel y gred yn bur gadarn bod rhaid dysgu adnodau ar gyfer y capel ar gof. Fyddai'r un ohonan ni'n cael mynd i'r sêt fawr a darllen ein hadnod oddi ar bapur fel roedd ambell un arall yn ei wneud. Roedd amser deud adnod yn adloniant i lawer, pan fyddai'r gweinidog yn dod at y tair ohonan ni. Roeddan ni'n debyg iawn yn ifanc a doedd o byth yn gallu gwahaniaethu rhyngon ni (mwy o sialens gan fod Mam yn ein gwisgo ni'r un fath tan ddechrau'r ysgol uwchradd). Am ein bod ni'n rhy fyr i gyrraedd y meic mi fyddai'r tair ohonan ni'n penlinio ar sedd y sêt fawr, a'r ateb gafodd fy rhieni oedd cael ein henwau wedi'u cerfio i mewn i sodlau ein hesgidiau! Roedd y gweinidog yn gwybod yn union wedyn p'run oedd p'run.

Pan ddois i fymryn yn hŷn ro'n i'n chwarae'r piano yn y Grŵp Gobaith ac roedd angen llawer o obaith arnaf innau bryd hynny hefyd. Ro'n i wrth fy modd yn chwarae'r piano, ond alla i ddim deud yr un peth am gyfeilio. Roedd y syniad bod unrhyw un yn ddibynnol arna i i gadw'r cyfeilio i fynd yn fy nychryn y tu hwnt i bob rheswm. Wnes i gasáu'r profiad am beth amser, ond dal ati oedd raid. Roedd Mam yn gwybod un peth pwysig, mwn, sef bod gwneud unrhyw beth am amser hir yn gwneud y peth hwnnw'n haws. Ond es i i drwy sawl profiad poenus i gyrraedd y fan honno. Dwi'n cofio colli'n ffordd ar y dudalen yn ystod un oedfa a stopio chwarae yn gyfan gwbwl – gyda'r gynulleidfa yn parhau i ganu. Dwi'n gwrido'n wirion wrth gofio'r fath beth! Ond dod yn haws wnaeth cyfeilio wedi blynyddoedd o wneud hynny – a da o beth oedd 'mod i wedi gorfod parhau, o edrych yn ôl. Roedd hynny'n wers bwysig – yn ddatganiad am wytnwch ac ymdrech.

O'r cychwyn cyntaf, roedd gen i berthynas glòs iawn efo'm chwiorydd. Roedd Mam yn ein hannog i ddarganfod cryfderau personol yn hytrach na chystadlu yn erbyn ein gilydd. Hyd yn oed pan fyddai adroddiadau ysgol yn cyrraedd bwrdd y gegin acw, roedd ein rhieni yn mynd drwyddyn nhw'n unigol efo ni. Mae'r berthynas gyda'm chwiorydd wedi parhau yn gryf ar draws y blynyddoedd ac mae llawer o'r diolch am hynny i Mam, yn ein dyddiau cynnar. Mae gen i gof pendant ohoni ar adegau yn deud na fyddai hi wastad yma ac un diwrnod, dim ond ni ein gilydd fyddai ganddon ni. I'r rhai sy'n lled-wybod fy hanes eisoes, fe ddaeth y diwedd yn llawer rhy gynnar, ond fe ddo i at hynny yn y man.

Dyw colli fy ffordd (yn ddaearyddol) ddim wir wedi fy mhoeni 'rioed. Un o'r atgofion cyntaf sydd gen i ydy mynd ar wyliau i Lundain. Roeddan ni i gyd wedi mynd i mewn i Harrods ac yn disgwyl i ddrysau'r lifft agor. Mi agorodd drws y lifft ac mi neidiais i mewn – mi gaeodd y drws ac i lawr â fo! Yr unig beth glywodd Mam oedd un sgrech fach egwan wrth i'r lifft deithio i lefelau isaf y siop: 'Maaaaaaaam!' Yn yr adran esgidiau landiais i! A chyn pen dim, ro'n i wrthi'n gweithio fy ffordd drwyddyn nhw. Dwi'n cofio aelod o staff y siop yn gofyn i mi a o'n i ar goll a ble oedd fy rhieni. Do'n i ddim wir ar goll, feddyliais i, ro'n i'n gwybod lle'r o'n i – ar lawr yr esgidiau! Toc wedyn, mi glywais fy enw ar y tanoi, ynghyd â chyhoeddiad yn gofyn i'm rhieni ddod i'r adran esgidiau.

Dyna un o'r atgfion cyntaf sydd gen i o fynd ar goll. Mi fyddwn i'n dod i ddeall yn ddiweddarach bod mynd ar goll yn feddyliol yn brofiad pur wahanol.

BREUDDWYDION...

Tair breuddwyd fawr oedd gen i 'rioed:

1) Bod yn astronot (dim byd uchelgeisiol amdana i, mwn!).

2) Gweithio fel plismones (i fod yn fwy manwl, ro'n i isio bod mor llwyddiannus â chymeriad Polly yng nghyfres *The Bill* stalwm, i'r rheiny ohonoch sy'n ei chofio).

3) Bod yn bianydd gwerth chweil. Annette Bryn Parri oedd fy eilun ac mae hi'n parhau i fod!

Dwi heb gyflawni'r un o'r tri pheth mewn gwirionedd – ond maen nhw i gyd yn eu ffyrdd bach eu hunain wedi fy ngwneud i'n pwy a beth ydw i heddiw. Ches i ddim trip i'r gofod (ac eithrio'r anturiaethau niferus yn fy mreuddwydion wrth gwrs!) ond mi dreuliais i ran helaethaf fy mhlentyndod yn syllu ar y sêr a'r planedau. Roedd gen i fap sêr lliw gwyrdd – bocs bach oedd o yn cynnwys llwyth o ddisgiau sêr gwyn. Roedd y bocs bach gwyrdd yn goleuo'n goch yn y nos ac mi ro'n innau (pan oedd hi'n ddigon tywyll a'r awyr yn bowlen o sêr o amgylch fy mhen) yn eistedd ar wal frics yn yr ardd yn ceisio canfod yr amrywiol batrymau oedd ar y disgiau yn yr awyr. Mi fyddwn i'n gwneud hynny tan ei bod hi'n rhy oer i mi barhau. Pan o'n i'n dychwelyd i'r tŷ, mi fyddwn i'n dychmygu pa batrymau y baswn i'n eu gweld y noson wedyn, neu'n meddwl a fyddwn i'n ddigon lwcus i weld planed. Seren wib hyd yn oed!

Ro'n i'n aml iawn yn gweld patrwm *quaver* cerddorol yn yr awyr, ac mi ddaeth y 'cwefyr', fel ro'n i'n cyfeirio ato, yn gysur mawr. Weithiau ro'n i'n gweld y patrymau sêr ac ambell blaned go iawn, ond weithiau dwi'n meddwl mai isio eu gweld nhw'n ofnadwy o'n i. Falle taswn i'n meddwl 'mod i wedi'u gweld nhw am ddigon hir – neu hyd yn oed perswadio fy hun 'mod i wedi eu gweld nhw – y byddwn i'n dod i gredu hynny ymhen amser, er 'mod i heb eu gweld nhw, os dach chi'n deall be sgen i!

Ro'n i wedi fy nghyfareddu gan yr awyr. Wedi gwirioni'n lân a deud y gwir. Y disgwyl drwy'r dydd, a'r cynnwrf gyda'r nos – os nad oedd y cymylau'n drwch yn rhwystro'r sêr, a dim i'w weld, wrth gwrs. Mi fyddwn i'n diawlio'r cymylau. Dwi'n diawlio cymylau hyd heddiw. Ond, ar y cyfan, ro'n i wedi'n hudo gan y ffaith 'mod i'n medru gweld y fath brydferthwch mewn twllwch dudew. Twllwch oedd yn dywyllach na'r bensil ddu dywyllaf yn yr ysgol, yn dywyllach na thwllwch fy nghwsg gyda'r nos ac yn dywyllach na'r un twllwch arall y gwyddwn i amdano pan o'n i'n ferch fach.

Ro'n i'n meddwl yn aml hefyd am beth oedd y tu hwnt i'r llen odidog, ddu honno. Beth oedd y tu hwnt i'r gorwel yr oedd gwyddonwyr yn medru'i weld? Ro'n i'n gwybod digon i ddeall bod y bydysawd yn fwy na hynny. Bod 'na bethau eraill mewn llefydd eraill. Pethau na wyddai neb unrhyw beth amdanyn nhw. Dwi'n cofio gwirioni cael llyfrau am y gofod adeg Dolig a threulio oriau lawer yn dychmygu 'mod i'n byw yn y galaethau pell hynny sy'n ffrwydradau gwallgo o liwiau prydferth.

Wrth i 'niddordeb i gynyddu, ac i 'nealltwriaeth i ddyfnhau ryw fymryn, fe ddois i yn fy nhro i ddeall bod sêr yn marw a bod y broses honno yn medru cymryd rhai biliynau o flynyddoedd. Dwi'm yn wyddonydd o fath yn y byd, a fydda i byth, ond fe ddois i i ddeall y *basics* – bod sêr, fel yr haul, yn rhedeg allan o danwydd hydrogen yn eu craidd rhyw ddiwrnod gan leihau dan bwysau disgyrchiant. Wrth i'r cnewyllyn leihau, mae'r seren yn poethi, gan gynhesu'r haenau uchaf ac achosi iddyn nhw gynyddu radiws y seren cyn iddi droi'n Red Giant. Yna, mae'r craidd yn mynd yn ddigon poeth i beri i'r tanwydd heliwm droi'n garbon. Pan fydd y tanwydd heliwm yn rhedeg allan, bydd craidd y seren yn ehangu ac yn oeri ac wrth i'r haenau uwch ehangu maen nhw'n rhyddhau mater sy'n casglu o amgylch y seren farw gan greu *planetary nebula* (pethau tu hwnt o hyfryd os gwelsoch chi lun 'rioed!). Yn olaf, bydd craidd y seren yn oeri i greu White Dwarf cyn troi'n derfynol yn Black Dwarf.

Dwi'n cofio synnu clywed bod hyd yn oed sêr yn marw. Mae'n swnio'n dwp, mae'n siŵr, ond ro'n i wastad wedi meddwl bod sêr yn rhy hardd i farw. Yr eironi, wrth gwrs (ac efallai y byddai ambell seryddwr yn cytuno â mi am hyn), ydy bod marwolaethau sêr gan mwyaf yn gyfan gwbwl ysblennydd a'r ffrwydrad lliwiau yn harddach na'r seren yn ei hanterth na phalet 'run artist.

COLLI

Roedd ail ddegawd fy mywyd yn bur wahanol i'r degawd cyntaf hwnnw. Dwi'n cyfeirio at yr ail ddegawd hwn yn aml fel y degawd tywyll. Y blynyddoedd hynny rhwng 13 a 21 mlwydd oed. Degawd o ddadrithiad a cholli oedd o. Degawd wnaeth, heb os, fy newid i fel person ar y tu mewn a'r tu allan. O fewn y degawd hwn fe gollais i dri pherson oedd yn annwyl ac yn agos iawn ata i – Nain Dre, Mam a Nain Rwsia. Ro'n ni wastad wedi bod yn deulu tu hwnt o glòs, a phawb yno i'w gilydd, doed a ddêl. Teulu oedd yn credu yng ngwerth eistedd o amgylch y bwrdd bwyd gyda'r nos a thrafod y pethau bach a'r pethau mawr, a hynny'n aml iawn gyda Nain Dre, fel ro'n ni'n ei galw hi, gan ei bod yn byw ergyd carreg i ffwrdd, o fewn waliau castell Caernarfon.

Roedd Nain Dre yn rhan ganolog o'n magwraeth. Hithau hefyd feddyliodd am fy enw i! Roedd hi'n tu hwnt o garedig ac yn help mawr i'm rhieni ar adegau. Fe gollodd ei gŵr yn ifanc ond mi weithiodd yn galed i roi popeth o fewn ei gallu fel mam sengl i Mam a'i brawd, Cemlyn. Roedd hi'n gryf ac yn annibynnol. Ro'n ni'n cymryd ein tro ein tair i aros efo Nain Dre ar nosweithiau Gwener ac roedd y nosweithiau hynny yn rhai arbennig – cael mynd â beic i'w chartref, Arosfa, yn Stryd y Farchnad, a chael reidio beic wrth y Cei gyda'r nos cyn cael pethau da o siop Ara Deg a sglodion o siop Tony i swper. Roedd pob nos Wener yr un fath. Mi fyddai Nain yn ein lapio'n glyd yn ei gwely dwbwl mawr oedd yn llawn carthenni trwm Cymreig, nes 'mod i'n teimlo fel lindysen wedi fy lapio'n dynn. Mi fyddai Nain a fi'n deud padar ac yna'n disgyn i gysgu. Yr un atgofion sydd gen i o bob noson yno – roedd hi'n byw y drws nesa i dafarn y Crown ac yn deud, 'Paid â poeni, mi wnaiff y taclau dewi yn y munud' bob tro. Dwi'm yn credu bod y taclau byth wedi tewi ar hyd y blynyddoedd, ond bod ein blinder ni'n golygu bod synau gwydrau, chwerthin, gweiddi a cheir yn meddalu i mewn i'w gilydd cyn diflannu i'r cefndir mewn cwsg braf.

Daeth llawer o'i hincwm drwy osod fflatiau roedd hi'n berchen arnyn nhw yn y stryd, a aeth ar dân ar ôl i drempyn fod yn ysmygu y tu allan i selar y fflatiau. Aeth Nain Dre yn sâl ychydig ar ôl y digwyddiad hwnnw gan ddiodde o ganser y fron. Dwi'n rhyw gredu (a chred bersonol ydy hi) bod pwysau'r digwyddiad hwnnw wedi effeithio arni'n ofnadwy a falle wir wedi helpu i sbarduno'r salwch. Dyma'r tro cyntaf i mi brofi gwaeledd difrifol a gweld ei effaith ar deulu oedd yn uned glòs. Peth creulon, yn ddeuddeg oed, oedd gweld yr aflwydd yn cydio mewn corff mor fregus, a Nain yn ei saithdegau.

Gwaethygu wnaeth pethau nes bod Nain Dre wedi dod i fyw mewn llofft yn ein cartref ni, llofft arferai fod yn stafell gwely a brecwast. Wnaethon ni ddim gweld gymaint a chymaint arni wedyn, er ein bod ni i gyd yn byw dan yr un to. Ond ro'n i'n torri 'nghalon wrth basio'r stafell gan 'mod i'n ei chlywed yn cwffio am anadl – yr ocsigen a'r morffin oedd wedi'u cysylltu iddi'n profi'n fawr o help mewn gwirionedd.

Yr atgof ola sgen i ohoni ydy dod yn ôl o drip ysgol yn Sw Gaer a Mam yn deud wrthon ni bod Nain wedi marw. Dwi'n cofio rhewi tu mewn a methu deall yn iawn sut oedd y ffasiwn beth wedi digwydd dan ein to ni! Roedd pobol o bedwar ban byd yn aros yn ein cartref yn ddyddiol hyd y flwyddyn gron, yn gorffwys, yn bwyta brecwast ac yn gadael y bore wedyn yn hapus i barhau â'u hanturiaethau. Feddyliais i 'rioed y byddai'r un enaid byw yn dod aton ni ac yn methu mynd yn ôl adref yn hapus. Bod rhywun yma un munud a ddim y munud nesaf. Mi ges i ei gweld hi am y tro ola, ei chorff main mor llonydd dan y cynfasau a'i chroen yn wyn fel y galchen. Roedd ei llygaid wedi cau, fel petai'n cysgu. Ond ro'n i'n gwybod, am y tro cyntaf yn fy mywyd, nad cysgu oedd hi. Feddyliais i 'rioed o ddifri cyn hynny am fyrhoedledd bywyd na sut effaith fyddai colli rhywun annwyl yn ei gael arna i. Feddyliais i ddim chwaith fod y golled hon yn dynodi'r gyntaf mewn degawd pur dywyll o golledion. Bu colli Nain yn ergyd fawr i Mam hefyd. Ers ein geni roedd Nain wedi bod yn rhan ganolog o'r gofalu, wastad yno i gynnig cymorth a phâr ychwanegol o ddwylo. Roedd hi'n ddynes mor hael a charedig; mawr fu ei cholled.

Roedd y blynyddoedd cyntaf yn yr ysgol uwchradd yn rhai anodd, i bob pwrpas. Do'n i ddim yn casáu'r ysgol, ond do'n i ddim yn or-hoff o'r holl drefn. Nid y dysgu oedd yn fy mhoeni, gymaint â'r elfennau mwy cymdeithasol. Mae'r blynyddoedd cyntaf yn yr ysgol uwchradd yn gyfnod o fod yn boenus o hunanymwybodol, o drio ffitio i mewn ac o drio ennill fy lle mewn byd sydd fymryn yn wahanol. 'Triplets' oeddan ni i bawb. 'Un o'r tair M'. 'Photocopies' weithiau neu'r pethau da, M&Ms – cyfeiriadau a ddaeth i'm diflasu y tu hwnt i bob synnwyr a deud y gwir. Dwi'n cofio meddwl taswn i'n beth da M&M y baswn i'n cael pleser mawr wrth roi dŵr poeth i'r sawl oedd yn fy ngalw'n hynny ar y pryd! Rhywbeth arall achosodd loes i mi am gyfnod oedd y syniad gan rai ar yr iard ein bod ni'n 'Tories' gan fod Dad ddim yn siarad Cymraeg, dim ond Saesneg. Roedd 'Tories' yn air budur i lawer bryd hynny – does dim lot wedi newid felly!

Doedd gen i 'rioed broblem bod yn un o drilliaid – ro'n i'n caru fy chwiorydd, wrth reswm – ond diflas oedd yr holl gyfeirio aton ni fel uned rownd y ril, y jôcs a'r dychanu. Ddois i i arfer yn y diwedd a daeth yr ymatebion o 'ngheg fymryn yn gyflymach bob tro. Mae rhywun yn ei chael hi'n yr ysgol am unrhyw beth sy'n wahanol, ac fel tripled, yr unig set o drilliaid yn yr ysgol ac yn nhref Caernarfon bryd hynny, ro'n ni'n ddewis perffaith i rai clowniau ar gyfer testun jôc! Dwi'n gobeithio erbyn heddiw eu bod nhw wedi symud ymlaen i fyw bywydau difyrrach, wedi dysgu eu plant i fod yn garedicach, ac wedi canfod beth yw sgwrs o sylwedd.

★

Byddai'r ergyd nesaf yn dod yng nghanol y blynyddoedd poenus hyn wrth i Mam hefyd orfod cwffio'r hyn oedd wedi hawlio bywyd ei mam hithau, sef canser y fron. Mi fuodd yn tu hwnt o ddewr am yr holl beth y tro cyntaf, a'i hysbryd yn wyrthiol. Aeth ati gyda'r un afiaith ag oedd ganddi tuag at fywyd i drechu'r aflwydd, a daeth drwyddi ar ôl cemotherapi a radiotherapi dwys. Roedd merched y ward yn sôn yn llawn edmygedd am Mam – yn deud ei bod yn donic wrth iddi barhau i wisgo colur a minlliw coch. Hyd yn oed ar ddyddiau gwael roedd hi'n cynnig peth i'r merched eraill. Mi gafodd ddwy flynedd dda wedyn cyn deall bod y canser wedi ymledu i'w hymennydd. Roedd yr ail dro yn teimlo'n bur wahanol.

Dwi'n cofio eistedd adra efo Mam o flaen tân a hithau'n torri ei chalon, yn deud bod arni ofn marw a'i bod hi ddim yn barod i farw. Roedd arni ofn ein colli ni a phopeth oedd yn annwyl iddi, meddai. Am y tro cyntaf yn fy mywyd, ro'n ni'n teimlo ein bod yn debycach i ddwy chwaer. Dwi'n cofio meddwl pa mor ddi-fudd o'n i ar y pryd am na allwn i wneud unrhyw beth i leddfu'r boen na gwella salwch oedd fel hunlle afiach nad oedd modd deffro ohoni. Aeth hi am driniaeth i Ysbyty Walton yn Lerpwl yn fuan wedyn. Mae'n debyg fy mod wedi mynd efo Dad i'w gweld yno ddwy neu dair gwaith, ond does gen i ddim cof o gwbwl am yr ymweliadau hynny. Mi fyddwn i'n taeru'n ddu las na fues i 'rioed yn Walton, ond mae Nhad a'm chwiorydd yn deud yn wahanol. Falle bod yr holl beth yn rhy boenus i'w gofio. Mae pawb annwyl yn sôn i mi fod yno wrth erchwyn ei gwely. Does gen i ddim cof o hynny, dim cof o weld Mam fel roedd hi na chof o'r hyn ddeudais i wrthi.

Daeth Mam adra am dipyn, er nad oedd hi'n medru cerdded na choginio na gwneud rhyw lawer. Roedd 'na rywbeth tu hwnt o drist am ei gweld heb yr ansawdd bywyd a'r annibyniaeth a oedd ganddi o'r blaen. Mam oedd yr un helpodd bob un ohonan ni i wireddu ein breuddwyion a gwneud yr amhosibl yn bosibl. Roedd pob ceiniog o'i chyflog fwy neu lai yn mynd ar wersi offerynnol i ni, ac ar benblwyddi gwych. Wnaethon ni addasu stafell lawr grisia yn llofft iddi ac roedd Medi, fy chwaer, yn arbennig efo hi, yn gwneud yr holl bethau anodd (ei golchi, ei helpu i fynd i'r lle chwech, gwisgo, bwyta…) roedd angen eu gwneud i gadw Mam yn gyfforddus. Ro'n innau a Manon yn trio'n gorau hefyd, ond ro'n i, yn fy nhawelwch, yn gweld yr holl beth yn anodd iawn. Yn rhy anodd.

Chydig ar ôl hyn, mi ddeudodd Dad ei bod hi'n mynd i orffwyso i Ysbyty Bryn Seiont yng Nghaernarfon i ddod ati hi ei hun ac i gryfhau wrth gael gofal arbenigol. Hen ysbyty oedd Bryn Seiont, lle oeraidd o'r oes o'r blaen oedd yn gyrru ias i lawr fy ngefn i. Roeddan ni'n tair ar ganol ein cyrsiau Lefel A ar y pryd. Dwi'n cofio mynd i'w gweld i Fryn Seiont a gweld y gair 'Macmillan' uwch ben y drws. Dyna oedd enw ei stafell, meddyliais. Stafell fawr efo sinc. Roedd 'na chwaraewr CDs mewn un cornel a cherddoriaeth glasurol yn chwarae. Roedd 'na ffenestr fawr wydr i'r chwith o'r gwely a choeden fawr y tu allan yn chwythu yn y gwynt a'i dail yn lliwiau amrywiol. Roedd hi'n goeden hardd.

Do'n i ddim yn gwybod be i ddeud pan welais i hi i ddechra, felly mi ddeudais i fod Purs (ein corgi 14 oed roedd ganddi feddwl y byd ohono ar y pryd) yn cofio ati! Daeth hynny â gwên fechan i'w hwyneb. Wedyn, mi ofynnais i'r cwestiwn nesaf, cwestiwn rhesymol (o'n i'n meddwl) – beth roedd hi wedi'i gael i ginio. Oedd o'n neis? Ond ches i ddim ateb i'r cwestiwn hwnnw. Mi driodd ddeud rhywbeth, ond methu, ac mi welais i ddeigryn yn rowlio i lawr ei grudd. Roedd hi'n edrych yn drist – ei gwallt yn fyr ar ôl y llawdriniaeth yn Walton. Roedd hi'n gorwedd yn fflat ar y clustogau oedd yn ei dal i fyny.

Yn yr ysgol ro'n i pan ges i alwad ffôn gan Dad yn deud bod Mam wedi marw. Ches i mo'i gweld wedyn. Mi sylweddolais i bryd hynny mai mynd yno i farw y gwnaeth hi, ddim i orffwys a chryfhau, ac nad oedd hi'n medru bwyta, a dyna pam welais i'r dagrau ar ei grudd pan ofynnais iddi beth roedd wedi'i gael i fwyta. Mi ddysgais i hefyd beth oedd ystyr Macmillan ac nad enw ei llofft bersonol oedd hwnnw uwchben y drws. Wrth edrych yn ôl, fedra i'm peidio â theimlo 'mod i wedi bod yn naïf am yr holl beth, ond ar y pryd, roedd popeth yn digwydd am y tro cyntaf a minnau heb brofiad o fath yn y byd i ddelio â'r cyfan.

Mi sgwennais i gerdd ar gyfer Eisteddfod Ysgol Dyffryn Nantlle'r flwyddyn honno, fy mlwyddyn olaf yn y Chweched – cerdd y byddwn i'n gwrido wrth ei darllen heddiw, debyg. Serch hynny, dyna'r unig beth 'rioed sydd wedi gwneud i mi grio wrth ei ysgrifennu. Cerdd am y diwrnod hwnnw yr es i i'w gweld hi ym Mryn Seiont oedd hi, yn sôn am fywyd (y bywyd yng ngwreiddiau'r goeden fawr hardd oedd yn cael ei chwythu y tu allan) mor agos at Mam, a hithau mewn gwendid difrifol yn cwffio. Dwi'm yn cofio dim mwy na hynny. Mi enillais i gadair Eisteddfod Ysgol Dyffryn Nantlle y flwyddyn honno ac mi lwyddais i gael fy mhedair A yn fy arholiadau Lefel A fel yr oedd yr athrawon wedi ei obeithio, er 'mod i heb dwllu'r ysgol ryw lawer yn ystod y cyfnod hwnnw. Roedd hynny'n golygu bod fy lle i ym Mhrifysgol Manceinion fel myfyriwr y Gyfraith yn ddiogel.

Ond doedd hynny ddim gwerth i mi a deud y gwir. Roedd 'na rywbeth arall ar fy meddwl i. Er mor hurt y gwnaiff hyn swnio i lawer – ac er bod pawb yn deud bod Mam wedi marw – feddyliais i am fisoedd lawer wedi'i cholli nad oedd hi wedi marw o gwbwl go iawn. Roedd 'na fỳs-stop y tu allan i Ysbyty Bryn Seiont ac mi ddois i i gredu yn fy mhen ei bod wedi cael llond bol o'r holl salwch a dioddef ac wedi cerdded allan o'r ysbyty a thalu am docyn unffordd i rywle pell i ffwrdd. Am fisoedd ro'n i'n edrych amdani ym mhobman, yn meddwl 'mod i'n ei gweld mewn gwahanol lefydd cyn ffeindio mai rhywun tebyg iddi ro'n i'n ei weld. Roedd yr ergyd yn greulonach bob tro y byddwn i'n sylwi nad Mam oedd hi a'r anobaith yn treiddio ychydig yn ddwysach i'm crombil. Ond ro'n i'n methu'n glir â deall pam y basa hi wedi cerdded i ffwrdd, a gadael pawb heb gynnig eglurhad a ffarwelio'n iawn.

Dwi'n deall bellach nad oedd hi wedi cael tocyn bws unffordd i rywle pell. Roedd y colli hwn yn golli gwahanol eto – yn ddüwch na theimlais i 'rioed o'r blaen. Doedd dim sioe ysblennydd o liwiau, ffrwydradau lliw cyfoethog fel marwolaeth y sêr ro'n i wedi'i dychmygu ganwaith wrth eistedd ar wal frics yr ardd yn blentyn. Doedd 'na ddim byd felly, dim ond gwacter a theimlad o golled na phrofais 'rioed mo'i debyg. Dyma'r mwyaf i mi ei ddeud 'rioed am golli Mam. Dwi ddim yn ei chael hi'n hawdd siarad amdano. Hyd heddiw, dwi'n parhau i deimlo mor anghyfiawn oedd yr holl beth. Dwi'n deall nad oes trefn na rheol i farwolaeth, nad yw marwolaeth yn gyfiawn, ond roedd o'n *teimlo*'n anghyfiawn. I fam gariadus roddodd bopeth, roedd ei chipio o'r byd mor gynamserol, cyn iddi gael ein gweld yn graddio, canlyn a dechrau gweithio, yn greulon.

★

Yn 21 oed, mi brofais y drydedd brofedigaeth – marwolaeth Nain Rwsia. Roedd Erika Tamara wedi dod i fyw efo ni ar ôl i ni golli Mam. Roedd hi a Taid gynt wedi setlo yn Thetford, Lloegr, ar ôl byw a gweithio dramor. Ond i hwyluso pethau iddyn nhw, fe ddaethon nhw i fyw aton ni. Yn y fyddin oedd Taid Lloegr yn llanc ifanc, a'i waith wedi golygu ei fod wedi byw a gweithio mewn sawl gwlad, felly cafodd fy nhad fagwraeth ysgol breifat yn yr Almaen, Libya a Jamaica.

Roedd Nain Rwsia yn gymeriad heb ei hail, yn egsentrig ac unigryw, ac yn hanu o gefndir Cosac. Roedd hi wedi gorfod ffoi o Rwsia gan adael ei theulu ar ôl wedi i'r llanw gwleidyddol droi yno. Roedd ganddi wallt wedi britho a hwnnw wastad yn ôl mewn bỳn ar gefn ei phen. Roedd hi'n gwisgo trowsus marŵn yn amlach na pheidio efo fest a siwmper lac. Roedd hi'n rhegi bob yn ail air, nid rhegi'n gas ond ei ffordd hi o siarad oedd hynny – ei hiaith hi. Do'n i ddim yn nabod rhieni fy nhad yn wych, ond mi gawson ni dair blynedd hyfryd efo nhw.

Roedd Nain Rwsia yn coginio prydau bwyd Jamaicaidd bendigedig ar brynhawniau Sul, er nad oedd hi ei hun yn fwytwr mawr. Gwin oedd ei diléit hi. Gwin coch, a bod yn fanwl gywir. Roedd hi'n yfed gwin amser cinio, amser te a chyn gwely. Doedd neb yn deud dim byd am hynny. Roedd hi'n cymryd gofal arbennig o Taid – yn paratoi ei frecwast pestri iddo bob bore a'i ffrwythau toc cyn cinio. Roedd hi'n hyfryd, ac yn ddoniol ar adegau. Ar ôl i mi ddatgan fy rhywioldeb yn agored am y tro cyntaf, ddois i adra wedi torri fy ngwallt yn fyr ac yn gwisgo trowsus dynion a thop llac fymryn yn 'wahanol'. Y peth cynta ddeudodd hi wrtha i yn y drws oedd, 'Dear, Malan, you look like a man!' Doedd hi ddim yn un am fynd rownd y byd i ddeud unrhyw beth. Ei deud hi fel ag yr oedd hi oedd steil Nain Rwsia.

Roedd hi yn ei hwythdegau pan gollon ni hi ac yn fythol

driw i'w harddull feiddgar o siarad, doedd dim rhithyn o sentiment yn ei ddatganiad olaf.

'Oh! Let's get this done with!' meddai hi wrth y nyrs yn Ysbyty Gwynedd cyn ychwanegu, 'I'd rather be bloody six feet under.'

A dyna hynna! Dim ond teulu agos oedd yn ei hangladd – Taid, fi, Manon, Medi a Dad. Cafwyd seremoni fach yn yr amlosgfa ym Mangor gyda cherddoriaeth Eglwys Uniongred Rwsia i agor a chloi'r cyfan. Doedd dim byd yn gonfensiynol am Nain Rwsia a dwi'm yn credu bod gymaint â hynny'n gonfensiynol amdana i chwaith. Fe es i i'r seremoni yn gwisgo trowsus tsiec brown (chwaethus, ro'n i'n ei feddwl!) a fflip-fflops oedd ddigon agos i'r lliw hwnnw am fy nhraed! Ymateb Dad oedd, 'Oh! You've come wearing Rupert trousers and flip-flops, that's a first!'

Mae unrhyw un sydd wedi colli rhywun yn deall nad ydy pethau byth yr un fath wedi hynny. Dyw'r hafau ddim bellach yn teimlo fel hafau – na'r gaeafau yn teimlo fel gaeafau. Mae rhywun yn galaru am beth amser cyn i'r teimlad hwnnw droi'n deimlad dwfn o golled – sydd fel balŵn mawr yng nghrombil fy stumog. Mae'r balŵn wastad yno, ei gwlwm tyn yn dal gwacter dwys y colli – pan oedd bywyd mor felys. Mae marwolaeth yn teimlo chydig fel rhyw hen syrcas sinistr a chreulon. Does dim gwerslyfr ar sut i alaru – er bod colli rhywun sy'n annwyl i ni yn un o'r pethau mwyaf ym mywydau pob un ohonan ni.

O fod yn y cefndir, daeth fy nhad, bron dros nos, i fod yn unig riant a doedd ganddo fo ddim gwerslyfr ar sut i wneud hynny chwaith, ond mae wedi gwneud joban dda ohoni, rhaid deud. Mae o'n gwbwl wahanol i Mam, mi gawn ni wneud fel y mynnon ni ganddo. Dim rheolau o fath yn byd ac agwedd hynod ryddfrydol ganddo at fywyd. Dwi'n ddiolchgar iawn iddo am roi'r gofod i ni'n tair roedd ei angen arnon ni yn ystod y cyfnod hwn, ac am barchu ein dewisiadau, gan gynnig cefnogaeth hyd yn oed pan nad oedd o'n cytuno, falle, efo rhai o'r dewisiadau wnaethon ni.

HOLL LIWIAU'R ENFYS

Yng nghanol tywyllwch degawd o golli a brwydro fe gefais i ddeffroad rhywiol. Mwyaf sydyn ro'n i'n gweld enfys ym mhobman ac yn rhyfeddu at y lliwiau a'r amrywiaeth yn y lliwiau hynny. Mae'r enfys, fel y gŵyr rhai ohonoch yn barod efallai, yn un o brif symbolau'r gymuned LHDT yng Nghymru. Ar ôl glaw trwm y colledion yn fy mywyd ifanc, daeth yr enfys gyfoethog hon i fwrw ei lliwiau dros bopeth yn fy mywyd.

Wrth i holl ferched yr ysgol uwchradd wirioni wrth sôn am hogiau, fe ddois i'n bur ymwybodol nad o'n i'n teimlo 'run fath. Ro'n i'n glust i straeon fy ffrind gorau o fore gwyn tan nos ac roedd hynny'n hawdd gan nad oedd gen i ddim teimladau rhywiol tuag at hogiau, felly mi wrandawais i ar ei hanturiaethau a'i gobeithion carwriaethol hi. Am flynyddoedd. A chyda phob dydd oedd yn pasio, fe ddois i'n fwyfwy ymwybodol 'mod i'n caru merched ac roedd hynny'n deimlad cyffrous.

Ro'n i'n meddwl am ferched yn yr un ffordd yn union ag yr oedd fy ffrind gorau'n meddwl am hogiau! Efo Mam yn ddifrifol wael, ddeudais i ddim byd i ddechrau, dim ond darllen llenyddiaeth am ferched mewn perthynas â rhywun o'r un rhyw cyn mynd i gysgu – a theimlo 'mod i'n torri pob rheol a fu 'rioed, a 'mod i'n dipyn o rebal!

Mae gen i gof i mi ddarllen *The Well of Loneliness*, nofel lesbaidd o 1928 gan yr awdures Radclyffe Hall. Hanes ydoedd yn y bôn am Saesnes o'r dosbarth uwch yn syrthio mewn cariad efo merch o'r enw Mary Llewellyn, merch mae hi'n ei chyfarfod wrth wasanaethu fel gyrrwr cerbyd yn ystod y rhyfel byd cyntaf. Ro'n i wedi gwirioni'n lân ar y nofel, yn methu credu bod 'na bobol oedd yn meddwl yr un fath â fi am ferched! Ro'n i'n teimlo 'mod i'n mynd ar daith bersonol, taith na wyddai neb amdani ond y fi. Mi gymerodd oes i mi orffen y nofel, gan 'mod i'n ceisio plygu'r dudalen a gwthio'r nofel dan fy nghlustog bob tro ro'n i'n clywed sŵn traed yn dod i fyny'r grisiau! O edrych yn ôl, dwi'n siŵr i hynny ychwanegu at y cyffro! Roedd darllen y nofel yn brawf, yn anad dim, nad oedd profi teimladau o'r fath yn drosedd a'i bod yn hollol naturiol i rai merched hoffi merched eraill. Doeddwn i fyth wir yr un fath ar ôl darllen y nofel hon. Yn fy mhen i, roedd prif gymeriad y stori, Mary Llewellyn, a finnau yn fyddin gre efo'n gilydd.

Byddai astudio'r Gyfraith ym Mhrifysgol Manceinion yn lluchio'r drws yn lledagored i'r sin hoyw fwyaf ym Mhrydain. Mi ffeindiais fy hun yn treulio f'amser ar yr enwog Canal Street – stryd llawn bariau hoyw a lesbaidd. O ferched *butch* y sin, i'r Stone Butches, y *femmes/lipstick lesbians* a'r Alphas, roedd y cyfan yn hollol newydd i mi! Mi es i o ganu cerdd dant ar ddyddiau Sadwrn ar lwyfannau eisteddfodau bach Cymru i glybio tan oriau mân y bore ym mhentref hoyw Manceinion! Roedd gen i awch i gael amseroedd da a doedd neb na dim am fy rhwystro rhag gwneud hynny. Roedd hi mor braf gweld merched yn dal dwylo merched, a chyplau o'r un rhyw yn cusanu yn gyhoeddus, yn bwyta ac yn mwynhau bywyd yn enw cariad.

Wnes i ddim gorffen fy ngradd ym Manceinion; diflasu ar y cwrs wnes i ar ôl dwy flynedd, felly'n ôl i Fangor y des i i astudio Newyddiaduraeth. Wel, roedd hynny'n newid byd. Roedd dwy flynedd o astudio ym Manceinion yn ddrud, ond mi ges i rywbeth na alla i roi pris arno, sef profiad bywyd – a'r hyder i fod yn gadarn fy mhenderfyniad i ddatgelu fy rhywioldeb a bod yn agored amdano. Roedd y 'sin' ym Mangor ychydig yn wahanol i'r un ym Manceinion wrth reswm, ond doedd dim ots am hynny – ro'n i wedi darganfod rhan ohonof fy hun yno, rhan y byddwn i'n ei chario efo fi am weddill fy oes.

Wrth setlo i fywyd myfyriwr ym Mhrifysgol Bangor, daeth cynnwrf y clybio yn llai pwysig, ond mi wnes i barhau â'r daith bersonol o ddechrau trafod fy rhywioldeb yn agored. Roedd parti Dolig blynyddol y Gloddest yn Neuadd Breswyl JMJ yn dipyn o brofiad yn fy mlwyddyn gyntaf yn y brifysgol. Ro'n i'n warden Neuadd John Morris Jones ar y pryd, a'm chwaer, Medi, oedd eisoes yn astudio yn y brifysgol, yn wirion bost o gyffrous am y digwyddiad. Ro'n i, ar y llaw arall, dipyn yn nerfus am yr holl beth. Ro'n i wedi clywed sgyrsiau hirfaith am brynu a llogi *ball gowns* ac esgidiau uchel ers misoedd! Ond ro'n i'n gwybod un peth – fyddwn i byth yn medru argyhoeddi neb mewn *ball gown* na cherdded mewn esgidiau uchel. Doedd dim amdani felly ond prynu siwt lawn gan gynnwys cyffs a sgidiau fflat smart ar gyfer y digwyddiad. Yr *unig* ferch mewn siwt y flwyddyn honno!

Mae'n wir deud 'mod i wedi mynd i dipyn o hwyl efo'r ddiod gadarn yn fy fflat cyn i fws y Gloddest adael maes parcio'r neuadd. Yr atgof nesa sydd gen i wedi hynny ydy cael cawl fel cwrs cynta – a thywallt tri *sachet* o siwgwr i mewn iddo yn fy hwyl, gan gredu mai halen oeddan nhw! Afraid deud bod pawb wedi sylwi ac yn mwynhau'r hwyl ar gownt y peth! Wrth edrych yn ôl, roedd y parti hwnnw'n drobwynt yn fy nhaith bersonol i fynegi fy hun mewn ffordd oedd yn gyfforddus i mi. Ro'n i'n teimlo'n *wahanol* drwy'r nos ac mi ges i fy ngalw'n 'lesbian JMJ' sawl gwaith a'r 'un sydd heb gael coc', ynghyd ag ambell beth mwy diraddiol, gan fechgyn meddw, ond mi lwyddais i ddal fy mhen yn uchel a brathu tafod pan oedd angen. Os llwyddais i i oroesi'r Gloddest ar ôl yr holl halibalŵ, gallwn oroesi gweddill fy mywyd – yn agored.

Gydag amser, daeth ffitio i'r 'ddelwedd' hoyw yn llai pwysig i mi a daeth newid cymdeithasol yn bwysicach. Yn ddiweddarach, mi ysgrifennais sawl erthygl i gylchgrawn *Barn* am ddatblygiad priodas gyfartal yng Nghymru ac mi ymgyrchais gyda phopeth oedd gen i yn 2013 gan anfon llythyr at yr holl arglwyddi yn Nhŷ'r Arglwyddi i geisio eu cymell i bleidleisio o blaid priodas gyfartal. Dyma restr o'r enwau!

Fe ges i hefyd yn ystod y cyfnod hwn fy nghwahodd i drafod y mater sawl gwaith ar Radio Cymru ar raglen *Taro'r Post*, a dwi'n cofio synnu wrth ddeall sut ymateb oedd i'r testun. Falle mai fi oedd wedi byw mewn bybl yn rhy hir, ond roedd peth gwrthwynebiad i'r syniad o briodas gyfartal yng Nghymru, gyda rhai'n dadlau y byddai'n tanseilio sefydliad priodas ac yn cymharu perthynas rhwng dau o'r un rhyw â bwystfileiddiwch! Roedd y fath wrthwynebiad i'r hyn ro'n i'n ei weld fel hawl ddynol gyfartal yn sioc. Fe aeth y dadlau yn bersonol sawl gwaith, gydag un gŵr yn cynnig, ar donfeddi cenedlaethol, fy mod i 'a 'nheip hoyw' yn symud i ynys i fyw efo'n gilydd. Roedd y fath atgasedd yn estron i mi. Ac atgasedd oedd o yn y bôn, nid dim ond golwg amgen ar bethau. Er hyn, roedd hi'n fraint cael cefnogi newid cymdeithasol fel hwn a gallu gwneud hynny ar donfeddi cenedlaethol. Roedd y 'pentref hoyw' ym Manceinion yn teimlo'n bell i ffwrdd erbyn hyn − a'r realiti cymdeithasol o fyw mewn gwlad oedd â chanran sylweddol yn gwrthwynebu datblygiad o'r fath yn newid byd.

Yn sgil hyn daeth newid cymdeithasol yn bwysicach o lawer i mi na materoldeb y sin dros Glawdd Offa. Braf cael deud bellach ein bod wedi symud ymlaen ers 2013! Ond mae bwlio homoffobaidd mewn ysgolion uwchradd yn parhau i fod yn broblem, a'r datblygiadau digidol diweddaraf yn ei gwneud hi'n anoddach fyth i daclo bwlio o'r fath. Mae yna waith i'w wneud eto, ond mae yna leisiau ifanc newydd yn datblygu sy'n danbaid, fel fi, am yr achos. Gwell torf na bloedd unigolyn!

Ers i mi gofio, dwi'n casáu'r syniad fod merched yn gwisgo ffrogiau a dynion yn gwisgo trowsus. Mae'n gas gen i gerdded i mewn i siop ddillad a gweld adran y dynion ar y chwith ac adran y merched ar y dde. Mae rhywun yn sylwi ar y gwahaniaeth ym mhalet lliwiau dillad yn syth gyda'r adran ddynion yn aml yn lliwgar a bowld a'r adran ferched yn llawn lliwiau ysgafn, sialcog. Ers i mi brynu fy nillad fy hun am y tro cyntaf dwi'n prynu dillad dynion, am ei bod hi'n well gen i'r steiliau a'r lliwiau gan fwyaf. Ond peth poenus oedd gwneud hyn yn ferch ifanc gan fod rhaid dewis fy nillad yn yr adran ddynion (ar y llawr uchaf ddeudwn ni) ac wedyn gerdded i lawr y grisiau i'r adran ferched i ofyn i aelod o'r staff faswn i'n cael trio'r dillad amdanaf. Byddai'r person hwnnw yn amlach na pheidio yn gadael i mi wybod (drwy siarad yn sbeitlyd o araf, bron fel petawn i'n hanner call) mai dillad dynion oeddan nhw, a finnau'n gwenu'n ddel gan ddeud 'mod i'n deall hynny. Roedd yr holl beth yn benbleth i mi am amser hir. Mi ddaliais fy hun yn ystyried droeon − ddylwn i ddewis y dillad yn yr adran ddynion a thrio'r dillad yn eu stafelloedd newid nhw (i greu llai o ffýs) neu gerdded hyd a lled y siop i ffeindio'r stafelloedd newid benywaidd a gofyn am gael eu trio yno? Cerdded hyd a lled y siop o'n i bob tro cyn glanio yn stafelloedd newid y merched.

Dwi 'rioed wedi deall yr obsesiwn efo gwahanu dillad a'u labelu fel rhai gwrywaidd/benywaidd. Petawn i'n cael fy ffordd, byddai dillad yn ddi-ryw (*non-gender*). Pwy sydd i ddeud bod rhaid i ferched wisgo topiau isel ac i ddynion wisgo crysau? Yn ystod fy mlynyddoedd ym Mhrifysgol Manceinion ro'n i ac ambell un arall o'r merched yn rhwymo ein bronnau ac yn gwisgo crysau i fynd allan. Mae hunanddelwedd cyn bwysiced â hunaniaeth i berson, felly pam cydymffurfio â normau cymdeithasol gwahaniaethol hen ffasiwn pan ddaw hi at y dillad 'dan ni'n eu gwisgo a sut 'dan ni'n eu gwisgo nhw? Mae iaith gorfforol pob un yn wahanol a dwi'n credu'n gryf y dylai fod gan bawb hawl i fynegi'r iaith honno a'u rhywioldeb mewn ffordd sy'n teimlo'n naturiol iddyn nhw. Siawns y dylen ni ddathlu cyfoeth ac amrywiaeth rhyw, nid ei feirniadu.

DYDDIAU OREN

Yn syml, dyma'r dyddiau y medra i oddef fy nghalon fy hun. Ar ddyddiau oren, mae popeth yn edrych fymryn yn oleuach, y glas yn llawer llai dwys a phwysau'r byd fymryn yn ysgafnach ar f'ysgwyddau. Mae dyddiau oren yn gadael i mi gario 'mlaen â bywyd, heb ormod o rwystrau. Dwi'n medru canu'r piano ar ddyddiau oren. Dwi'n medru creu cerddoriaeth, trefnu fy niwrnodau, mynd â Wini Lwyd, fy nghi, am dro a meddwl am y dyfodol.

Y piano sydd yn berchen ar fy holl gyfrinachau, does dim amheuaeth am hynny. Mi dreuliais i ran helaethaf fy mhlentynodod a'm hieuenctid yn breuddwydio am fod yn bianydd proffesiynol. Taswn i ddim yn gwneud y cyt fel un o'r pianyddion mawr Ewropeaidd, y cynllun oedd ffoi i Baris a chael gwaith yn canu'r piano yn rhai o'r caffis bach hyfryd yna sy'n cadw'r cwsmeriaid yn yfed coffi a gwin a bwyta pestris rownd y cloc. Gwneud fy mywoliaeth trwy gysgu tan ddeg ac yna mynd ati i greu cerddoriaeth yng nghhornel caffi wrth i bawb arall drafod bywyd tan oriau mân y bore. Roedd y freuddwyd fach hon yn ddelfrydol i mi. Y cwbwl y byddwn i ei angen fyddai stafell i fyw a chysgu ynddi, piano, ac oriawr i 'nghael i i lefydd ar amser.

Un o'r dyddiau oren cyntaf dwi'n ei gofio ydy Mam yn

deud wrtha i ei bod wedi cael athrawes biano i mi. Ro'n i ar ben fy nigon – nid unrhyw athrawes biano fel y dois i i ddeall, ond pianyddes ro'n i wedi ei gweld a'i hedmygu yn canu'r piano ac yn arwain côr Hogia'r Ddwylan bryd hynny, Ilid Anne Jones. Roedd 'na rywbeth am ei chyffyrddiad hi ar y piano, rhywbeth ro'n i eisiau gallu ei gyflawni. Roedd hi wastad yn edrych fel model ac yn gwneud i'r piano siarad. O'r eiliad y dechreuais i gael gwersi gydag Ilid y dois i wir i ddeall beth oedd grym diwrnodau oren. Doedd dim ots sut ddiwrnod ro'n i wedi'i gael achos ro'n i'n gwybod un peth – bod y piano'n disgwyl amdana i pan gyrhaeddwn i adref, fel ffrind neu gyfaill ffyddlon. Ro'n i'n chwarae'r peth cyntaf yn y bore a'r peth olaf cyn cysgu. Roedd fy nghyfnod yn dysgu gydag Ilid yn gyfnod tu hwnt o hapus, yn gyfnod a'm galluogodd i dyfu yn emosiynol a cherddorol.

Un atgof penodol sydd gen i ydy o gar fy nhad yn torri i lawr cyn cyrraedd Rhos Isaf, lle roedd hi'n byw ar y pryd. Doedd dim tamaid o ots gen i am y car, ond roedd pob ots gen i am y wers ro'n i ar fin ei cholli. Byddai'n rhaid i mi ddisgwyl WYTHNOS GYFAN am wers arall! Felly fe redais i'r holl ffordd yno – drwy eira trwchus. Ro'n i mewn tipyn o stad yn cyrraedd, yn chwys i gyd ac allan o wynt. Ond ro'n i'n barod i ddysgu, i roi fy nwylo ar yr allweddellau hynny a thrio'n galetach nag yr o'n i wedi'i wneud 'rioed. Am y tro cyntaf yn fy mywyd, roedd gen i deimladau dwys ac ro'n i'n trio'n galed tu hwnt i drosglwyddo'r emosiynau hynny drwy gerddoriaeth.

Y piano oedd fy obsesiwn cyntaf, yr obsesiwn siapiodd y cyfan o'm bywyd ifanc. Fe ddaeth hi'n amlwg iawn nad o'n i'n berson cymhedrol, a daeth fy mherthynas â'r piano yn bwysicach i mi nag unrhyw beth arall ac roedd hi'n berthynas gymhleth hefyd. Nid da lle gellir gwell ac roedd 'na wastad le i fod yn well, i ymarfer mwy ac mewn dull mwy effeithlon. Mi ddois i ofyn cwestiynau mawr yn ifanc: pryd oedd da yn ddigon da? Fyddai da fyth yn ddigon da? Does gen i ddim atebion i'r cwestiynau hyd heddiw. Mi fyddai'r union gwestiynau hyn yn dod i'm plagio gyda fy iechyd meddwl yn ddiweddarach yn fy mywyd, ond rywsut, yng nghyd-destun perfformio, roeddan nhw'n gwestiynau positif – yn wahanol iawn i'r profiadau oedd o'm blaen.

Ddwy flynedd cyn colli Mam, dwi'n cofio cael yr anrhydedd o ennill ar yr unawd offerynnol yn Eisteddfod Ryngwladol Llangollen. Roedd y rhagbrawf yn safonol, gydag offerynwyr o Tsieina, Rwsia a sawl gwlad arall yn cystadlu. Ro'n i'n 15 oed ar y pryd a Mam yn brifathrawes yn Ysgol Trefriw ger Conwy. Roedd fy nhad a minnau newydd adael y gwesty ac yn teithio i faes yr eisteddfod ar ddiwrnod y llwyfannu, a dyma weld car bach gwyn Mam y tu ôl i ni. Roedd hi wedi medru ei gwneud hi yno, i 'ngweld i'n canu'r piano, er ei bod hi wedi cadw hynny'n gyfrinach fawr. Mae'r digwyddiad hwn yn sefyll yn gadarn ymhlith y digwyddiadau gorau i mi eu profi 'rioed, ac roedd y wobr gyntaf gefais i gan y diweddar athrylith Vernon Handley yn ormod i mi ei gymryd i mewn am beth amser.

Darn gan Frank Bridge ro'n i'n ei chwarae. Mi chwaraeais

i hyd eithaf fy ngallu, ond wna i fyth anghofio cerdded oddi ar y llwyfan i'r pen anghywir tra oedd pawb yn clapio, trio agor y drws a'r drws wedi'i gloi. Meddwl wedyn – tybed oedd 'na fwlch yn y cyrten enfawr yng nghefn y llwyfan y tu ôl i'r blodau? Roedd y llwyfan yn rhy uchel i mi neidio oddi arno. Yn lwcus i mi, wnaethon nhw ddim darlledu'r pwt yna! Mi ddaeth 'na ymchwilydd fach ifanc, wedi'i gwisgo mewn du, i'm nôl i ar ôl peth amser a'm hebrwng i oddi ar y llwyfan y ffordd ro'n i wedi dod arno.

Ers hynny, mae dyddiau oren wedi bod yn ddyddiau llawn egni, yn ddyddiau lle mae gen i weledigaeth. Dwi'n cofio sleifio i lawr y grisiau yn 13 oed i stafell frecwast y gwesty – dyna'r unig le roedd *hi-fi* ar y pryd (dwi'n teimlo'n hen!). Ro'n i newydd brynu casgliad o gryno-ddisgiau gyda recordiadau gan bianyddion amlycaf Ewrop a'r byd, ac ar un o'r disgiau roedd Alberto Lodoletti yn chwarae 'Flight of the Bumblebee'. Wnes i drio rhoi'r gryno-ddisg ymlaen mor dawel â phosibl, a gosod fy nghlust wrth y seinydd. Wnes i wrando drosodd a throsodd a throsodd ar y trac hwnnw, nes 'mod i wedi fy llwyr argyhoeddi y gallwn i godi y bore wedyn a thrio dysgu'r darn cystal â fo. Roedd y gallu i freuddwydio yn amlwg iawn yr adeg honno ac roedd 'na rywbeth braf yn hynny, rhyw deimlad amrwd i bopeth, bod gen i gynlluniau a bod neb na dim yn medru bod yn rhwystr i mi.

Ar diwrnod arall oren, dwi'm yn cofio'n iawn beth oedd fy oed, ond dwi'n cofio Mam yn mynd â fi i weld y pianydd poblogaidd Richard Clayderman mewn cyngerdd yn Venue Cymru, Llandudno. Er bod hyn am swnio fymryn yn drist, roedd gweld Clayderman yn teimlo i fi fel dwi'n dychmygu mae gweld Justin Bieber neu One Direction yn teimlo i lawer o'r to iau heddiw! (Dwi'n gwrido wrth feddwl am y peth, ond ta waeth am hynny!) Roedd o'n chwarae yn fendigedig. Dwi'n ei gofio'n chwarae 'Ballade Pour Adeline' y noson honno ac yn lluchio rhosyn i mewn i'r gynulleidfa – a finnau jyst â marw isio i'r rhosyn hwnnw lanio ar fy nglin i. Wnaeth o ddim, wrth gwrs, ond ro'n i ar ben fy nigon 'run fath. Ro'n i wedi syrthio mewn cariad efo'r piano. Mi fyddwn i'n meddwl yn aml bryd hynny, tybed fyddwn i'n gallu caru person fel ro'n i'n caru'r piano. Dwi'n dal ddim cweit yn siŵr.

Mae'n ddiwrnod oren pan ga i roi Wini Lwyd, fy nghi defaid trilliw, yn Rolo (y Bimyr) a dreifio tua Dinas Dinlla a chwarae pêl efo hi wrth iddi fownsio i mewn ac allan o donnau'r môr. Mae Wini Lwyd yn rhan fawr o'r dyddiau oren yn fy mywyd. Bron, ar adegau, y byddwn i'n deud mai hi yw'r paent oren yn y palet.

Dwi'n cysylltu'r rhan fwyaf o'r dyddiau oren efo'r gallu i deimlo emosiynau braf fel cysur yn bositif a chlir. Ydach chi 'rioed wedi clywed y pianydd Richter yn chwarae Consierto Rhif 2 gan Rachmaninov? Neu Martha Argerich yn chwarae Consierto Piano Rhif 1 yn B-feddalnod Leiaf? Neu ambell i bedwarawd llinynnol gan Dmitri Shostakovich? Pan dwi'n rhedeg allan o ddyddiau oren, dyna i ble dwi'n mynd. At y Rwsiaid a'u cerddoriaeth yn bennaf.

DYDDIAU GLAS

Ar ôl y cyfnod hwn, yr ail ddegawd, yn fras, y daeth y cyfnod glas cyntaf. Mi gefais ddegawd cyfan ar ôl y colledion hyn pan gyffyrddais i ddim â'r un piano, ddim o ddifri beth bynnag. Do'n i'n methu chwarae, yn rhannol achos bod gwneud hynny'n rhy emosiynol, ac mi deimlais i'n euog am hyn am amser hir. Euogrwydd 'mod i heb geisio cyflawni'r freuddwyd o fynd yn bianydd proffesiynol ar ôl yr holl ymarfer a breuddwydio. Ar ôl dod i'r brig yn Eisteddfod Ryngwladol Llangollen, mi benderfynais y byddai methu yn y maes (sydd wastad yn bosibilrwydd real mewn byd mor gystadleuol) yn fy nhorri, felly i fyd newyddiaduraeth yr es i wedi hynny a'i fwynhau yn arw. Mae'r boen o fethu cynnal gyrfa ym maes y pianydd proffesiynol yn dal i'm plagio hyd heddiw taswn i'n onest. Mae'n rhywbeth dwi wedi gorfod dysgu byw ag o, gan geisio, hyd y medra i, ganfod heddwch mewnol ynghylch y peth.

Glas ydy fy hoff liw i, coeliwch neu beidio. Ond nid unrhyw fath o las. Glas gola. Ond mae 'na las gwahanol iawn yn fy mywyd i. Glas sy'n llawer iawn tywyllach. Nid lliw ydy o chwaith, ond teimlad. Teimlad yng nghrombil fy stumog sy'n medru llusgo f'ysbryd i iselfannau sy'n teimlo fel ogofâu diarth – ogofâu sy'n lluchio fy meddwl i ddryswch llwyr ac yn creu annibendod. Mae bod yn y fan honno yn deimlad gorffwyll. Fel cerdded i mewn i ogof o'r goleuni. Dwi'n gweld dim pan dwi yno – ddim hyd yn oed ar ôl gadael amser i'm llygaid geisio addasu. Dwi'n ddall pan dwi yn y fan honno. Weithiau, mae'r broses o ddisgyn i'r ogofâu hyn yn cymryd cryn amser – wythnosau, misoedd falle, o lithro'n araf. Droeon eraill, mae'r disgyn yn llawer cyflymach, a'r crash yn teimlo fel petai switsh wedi'i ddiffodd yn fy mhen.

Iselder a Borderline Personality Disorder maen nhw'n ei alw o. Ond dyddiau glas ydan nhw i mi. Mae llawer un yn gofyn i mi sut beth ydy iselder ond does gen i ddim ateb syml i'r cwestiwn hwnnw. Dwi wedi deud cyn heddiw ei fod o fymryn lleia fel ffliw ffyrnig sy'n llwyddo i drywanu person yn emosiynol a chorfforol. Dyw ffliw, wrth gwrs, ddim o angenrheidrwydd yn gyrru unigolyn i ochr pont, ond yr hyn sydd gen i ydy na chewch chi fyth yr un ffliw ddwywaith. Mae'r corff yn creu gwrthgyrff i gwffio'r ffliw, felly mae'r feirws (sy'n ddiawl clyfar a deud y lleia) yn newid ei ffurf ryw fymryn bob tro cyn dychwelyd. A pharhau i ddod yn ei ôl y mae o, yn fy achos i o leia. Fel ffliw ffyrnig ambell dro, mae iselder yn rhywbeth dwi'n gorfod byw gydag o. Mae o'n rhywbeth cyfrwys – gall rhai symptomau aros 'run fath, ond mi fydd 'na newidiadau bob tro. A dyma sy'n gwneud anhwylderau iechyd meddwl mor anodd i ddelio â nhw, am wn i.

Y dyddiau glas yw'r dyddiau pan na fedra i oddef y syniad o fyw rhagor. Mae gan Virginia Woolf linell sy'n dod yn llawer nes at wraidd yr hyn dwi'n ei deimlo ar ddyddiau glas na dim y medra i feddwl amdano: 'What if I told you I'm incapable of tolerating my own heart?' (*Night and Day*). Meidrolion ydan ni wedi'r cyfan. Mi fedran ni dorri asgwrn, ond mi wnaiff gofal ysbyty a phlastar wella'r asgwrn hwnnw ymhen amser. Does gan esgyrn ddim meddyliau. All asgwrn ddim penderfynu ei bod yn well ganddo farw, ond fe all meddwl ac ysbryd person wneud hynny – a dyna mae fy meddwl i yn ei wneud yn aml ar ddyddiau glas. Nid dim ond diflastod dwi'n ei deimlo ar ddyddiau glas, ond syrffed, a'r syrffed hwnnw yn boddi fy enaid anobeithiol. Mae'r glas tywyllaf yn brifo cymaint nes bod rhaid lleddfu'r boen a'i difa. Dwi'n colli'r gallu i deimlo holl liwiau'r sbectrwm ar ddyddiau glas – mae meddyliau yn dod yn rhai du a gwyn.

Mae delio â chyfnod fel hwn yn heriol tu hwnt, a'r frwydr yn un gyfan gwbwl bersonol. Dwi'n pellhau oddi wrth bawb a phopeth i ddechrau ac yn cilio i fyd o realiti personol. Realiti lle mae codi, gweithio, ymolchi, cyfarfod ffrindiau a'r holl bethau 'bob dydd' rydan ni i gyd yn eu gwneud heb feddwl yn dod yn amhosibl. Mae hwyliau isel yn dod fel ton drosta i i lethu pob rhan ohona i, gan fy anablu i bob pwrpas. Er gwaethaf y straen allanol, mae fy meddyliau yn chwim ac yn ailadroddus, yn obsesiynol hyd yn oed. Ac wrth i 'nghyflwr i waethygu, daw llais mewnol hunanddinistriol i reoli fy mywyd a'm gweithredoedd. Daw'r llais hwn yn gliriach i mi bob dydd. Mae'n llais cadarn sy'n dwyn perswâd ar enaid mewn ffordd dwyllodrus o resymegol. Mae'n medru troi meddyliau ac arsylwadau am farwolaeth yn gynlluniau manwl. Nid y fi pia amser rhagor. Dwi'n byw yn ôl cloc y llais.

Ar ddyddiau fel hyn, mae'r llinell rhwng byw neu farw yn denau. Dwi'n rhyw deimlo fel petawn i'n ceisio cerdded rhaff dynn. Cydbwysedd ydy popeth. A phan mae'r meddwl yn pallu, mae ceisio darganfod cydbwysedd bron yn amhosibl.

YSBYTY

Dyddiau a chyfnodau glas sydd wedi fy arwain drwy f'oes i'r ysbyty. Dwi wedi treulio pedwar cyfnod yn Uned Hergest hyd yma – y tro cyntaf ar ôl i mi gael fy ngyrru yno gan therapydd ro'n i wedi bod yn gweithio gyda hi yn wythnosol yn 2013. Ysgrifennais ddyddiadur am fy mhrofiad yn yr ysbyty bryd hynny mewn cyfrol arloesol a gyhoeddwyd gan y Lolfa yn 2015, *Gyrru Drwy Storom*.

Yr ail dro es i i mewn i'r ysbyty oedd ar ôl cael fy nal gan heddwas yn rhedeg i gyfeiriad traffig ar Bont Borth ger Porthaethwy – pont sy'n boenus o ganolog i'm hysfa, pan fydda i ar fy isa, i derfynu fy mywyd. Mae'n siŵr bod hynny tua blwyddyn ar ôl yr arhosiad cyntaf.

Yn ddiweddar iawn, ar ôl derbyniad hyfryd yn mwynhau pen-blwydd Gŵyl Ffilm IRIS yn Nhŷ'r Arglwyddi yn Llundain, fe ddes i adra. Ro'n i wedi bod yn isel ers tro ac mi gollais i'r frwydr i reoli fy ngweithredoedd. Mae gen i gof o ddiffodd fy ffôn symudol yn Llundain a chrwydro'r Underground am oriau lawer gyda meddyliau hunanladdol ar lŵp. Ond colli plwc wnes i yn y diwedd a dod adra, gan esgus fy mod wedi gollwng fy ffôn symudol yn sinc y gwesty ac wedi methu cysylltu gydag unrhyw un.

Y noson honno, fe ges i fy arestio dan Adran 136 o'r Ddeddf Iechyd Meddwl ar ôl ceisio crogi fy hun â *charger* ffôn ar ochr ffordd wrth grwydro'r strydoedd. Os ydy heddwas yn ffeindio person maen nhw'n credu sydd â salwch meddyliol mewn man cyhoeddus a'u bod nhw'n credu bod y person hwnnw angen gofal, mae'r hawl ganddyn nhw, o dan yr adran gyfreithiol hon, i'w cludo i fan diogel – yn fy achos i i'r ysbyty yn Hergest i dderbyn asesiad seiciatryddol ar gyfer trydydd arhosiad. Ro'n i hefyd wedi ceisio lluchio fy hun o flaen ambiwlans ergyd carreg o'm tŷ chydig cyn y digwyddiad hwn a'r ambiwlans wedi llithro heibio. Pan ddaeth yr heddlu, mewn panig, mi geisiais i glymu llewys fy nghrys rownd fy ngwddf a chrogi fy hun – ro'n i'n gwybod beth oedd ar ddigwydd. Mi ges i fy rhoi mewn gefynnau a'm cludo yng nghefn car heddlu unwaith yn rhagor i'r ysbyty ym Mangor. Ar ôl dod ataf i fy hun yn Hergest a darbwyllo arbenigwyr 'mod i eisoes yn gweithio ar gynllun gofal yn y gymuned, cefais ofal dwys, gan barhau i weithio'n wythnosol efo seicolegydd a seiciatrydd. Mae'r anhrefn i'w deimlo'n amlwg pan dwi'n crynhoi'r peth fel hyn.

Ar fy isa, mi fydda i'n teimlo fel swp o esgyrn yn clecian mewn corff sydd wedi marw, a hwnnw'n llawn cyffuriau. Pan dwi'n teimlo fel hyn, mae marwolaeth yn teimlo'n felys. Er bod hyn yn swnio'n tu hwnt o hunanol, tydw i'n teimlo dim mymryn o gywilydd am y peth ar y pryd. Wrth sefyll yn ôl ar ddyddiau oren a gweld y boen dwi wedi llwyddo i'w chreu i fy nheulu y daw y don o euogrwydd drosta i – ton sy'n gwneud i mi gasáu fy hun, fy sefyllfa a'r frwydr dwi'n ceisio mor galed i'w hennill. Wedi deud hynny, yn aml fedra i wneud dim am y peth, mae'r cyfan yn teimlo y tu hwnt i'm rheolaeth. Fyddwn i fyth, o ddewis, yn rhoi'r un enaid byw drwy loes a phoen meddwl. Dyna pam, yn amlach na pheidio, yn ystod yr episodau dwysaf o waeledd ar ddyddiau glas, mae pris galar yn edrych yn ddeniadol a bron fel bargen o'i gymharu â'r posibilrwydd o ddioddef am ddegau o flynyddoedd yn rhagor gan greu mwy o boen i'm teulu. Mi ddeudais i ar ôl fy arhosiad cyntaf yn yr ysbyty, mewn ffolineb, nad o'n i eisiau 'tocyn tymor' i'r uned seiciatryddol ym Mangor, fel y *season tickets* pêl-droed mae pobol yn gwirioni gymaint arnyn nhw. Am beth twp i'w ddeud! Y gwir ydy, does gen i ddim *dewis* ynghylch fy iechyd meddwl. Does gen i na gweddill yr un mewn pedwar ym Mhrydain ddim dewis. Salwch ydy o, nid dewis.

Dau beth sy'n gallu rhyddhau person o bryd i'w gilydd ydy ewyllys a phenderfyniad, ac efallai mai colli'r ddau beth yma sydd wedi bod anoddaf i mi pan dwi wedi bod ar fy ngwaethaf yn yr ysbyty. Rhain yw'r cloeon dur sy'n gwrthod agor pan dwi'n ei chanol hi. Does gen i ddim yr ewyllys na'r penderfyniad i weld ffordd drwyddi pan dwi yn nyfroedd tymhestlog y dyddiau glas. Wrth i mi barhau yn ddefosiynol ag ymdrechion i ddiweddu fy mywyd yn yr ysbyty, ro'n i'n cael fy rhoi ar yr hyn maen nhw'n ei alw'n Statws 3, sef gofal un i un o amgylch y cloc. Gofal sy'n golygu 'mod i dan wyliadwraeth barhaus hyd yn oed wrth fynd i'r lle chwech, ymolchi a chysgu. Roedd popeth ro'n i'n ei wneud dan chwyddwydr, ac aelod o staff yn fy nilyn i bobman. Mae'r fath ymyrraeth ym mhreifatrwydd personol unrhyw un yn boenus o anodd i ddelio ag o, ond ei brif bwrpas, wrth gwrs, ydy arbed bywyd.

PSYCHOSIS

Psychosis – coelio pethau nad yw gweddill y boblogaeth yn eu coelio am nad oes sail resymegol i'r syniad mewn realiti.

Dwi wedi profi sawl episod o seicosis heb i unrhyw beth rhesymegol sbarduno hynny. Un o'r episodau mwyaf dychrynllyd i mi ei brofi oedd cred ddiamheuol fy mod i wedi marw, ond yn cerdded o amgylch byd llawn meidrolion byw oedd i gyd yn rhan o gêm i'm perswadio fy mod i'n fyw. I ddechrau, doedd pethau ddim mor ddrwg – ro'n i'n teimlo popeth chydig yn swreal wrth weld y byd yn pasio. Dros gyfnod o wythnosau fe waethygodd pethau, ac fe ddes i'n fwy a mwy dideimlad gan golli'r awydd i fwyta, gweithio a hyd yn oed siarad. Daeth bodoli fel person marw yng nghanol bywyd yn frwydr enfawr, yn seicolegol ac yn gorfforol.

Un o'r pryderon gwaethaf oedd gen i oedd nad oedd dim ro'n i'n ei feddwl na'i deimlo yn newydd rhagor. Fe ddes i i gredu bod pob ymateb/teimlad yn recordiad o ymatebion ro'n i wedi'u profi cyn marw. I'w roi mewn ffordd symlach, ro'n i'n teimlo bod fy mywyd cyfan ar lŵp ac na fedrwn i wneud dim amdano. Sut mae lladd unigolyn sydd wedi marw'n barod? Ar fy ngwaethaf, mi ddois i i gredu nad oedd gen i ymennydd hyd yn oed, a 'mod i'n cerdded fel atgof caeth o fywyd ro'n i wedi'i fyw o'r blaen. Does dim geiriau i ddisgrifio'r unigrwydd a deimlais yn ystod yr episod seicotig hwn. Roedd o'n unigrwydd nad oedd dianc rhagddo.

Dwi wedi arfer â phyliau o iselder o bryd i'w gilydd, ond roedd y math hwn o euogrwydd mewn sffêr ar wahân. Wrth i mi gropian o hualau'r episod hwn, ro'n i'n gwybod un peth – fy mod i wedi profi unigrwydd heb ei debyg. Dwi ddim yn credu ein bod ni fel pobol yn arbennig o dda am ddelio gydag unigrwydd beth bynnag, ond wrth geisio datgymalu yr hyn oedd ar ôl ohona i o'r episod hwn fe ddarllenais stori ddifyr iawn am anifail yn delio gydag unigrwydd, y creadur mwyaf unig ar y ddaear, meddai gwyddonwyr.

'Y CREADUR MWYAF UNIG AR Y DDAEAR'

I mi, un o'r pethau anoddaf am fyw efo'r cyflyrau hyn ydy'r unigrwydd dwi'n ei deimlo yn eu sgil. Does 'na ddim llawer o unigolion i'w gweld yn deall yr hyn dwi'n ei olygu pan dwi'n sôn am yr unigrwydd hwn.

Dwi'n gwybod yn fy meddwl rhesymegol bod yna bobol yn dioddef cymaint os nad mwy na fi. Dwi'm yn *grandiose* nac yn credu 'mod i'n arbennig. Dwi'n gobeithio wastad y daw dyddiau oren i dorri ar undonedd creulon y glas. Ond nid unigrwydd o fod eisiau cwmni ydy'r unigrwydd dwi'n ei deimlo. Tydy o ddim chwaith yn unigrwydd sy'n deillio o ddiffyg rhannu neu ddiffyg cefnogaeth teulu a ffrindiau. Mae o'n unigrwydd â'i anian yn bur wahanol i hynny. Teimlad o fethu byw yn fy nghroen fy hun ydy o. Mae o'n unigrwydd na all unrhyw un arall ei gyffwrdd mewn gwirionedd. Mi fedra i deimlo'r unigrwydd yma mewn stafell lawn pobol, ar lan y môr neu mewn stafell dawel pan dwi ar fy mhen fy hun. Mae o'n dueddol o fod yn ffyrnicach unigrwydd yn nhywyllwch nos ac oriau mân y bore. Mae'n gwneud i mi deimlo fel *false fit* mewn corff sydd â chalon sy'n gwrthod stopio curo. Dwi'n teimlo bod fy enaid yn wystl mewn carchar o groen. Does neb 'rioed wedi dal dryll at fy mhen na chyllell wrth fy ngwddf, ond gall iselder wneud hyn am fisoedd ar y tro heb yn wybod i unrhyw un.

Un diwrnod, pan o'n i'n ddifrifol wael mewn uned seiciatryddol ac yn fflicio drwy hen gopïau o gylchgrawn môr a natur, fe ddois i ar draws stori anhygoel. Teitl yr erthygl oedd 'The Loneliest Creature on Earth'. Roedd yr erthygl yn cymell rhywun i feddwl am yr unigrwydd a fyddai'n deillio o siarad iaith na fyddai neb ond nhw'n ei deall. Mae'n debyg bod gwyddonwyr wedi bod yn astudio morfil sy'n cael ei adnabod fel 'The 57–Hz Whale' – morfil sy'n cyfathrebu mewn iaith na ellir ei hadnabod gan unrhyw forfil arall. Mae'r morfil wedi treulio dros ddegawd yn chwilio am gymar sy'n deall ei gân ac sydd eisiau ymateb. Mae morfilod yn aml yn cael eu hadnabod am eu caneuon gan mai'r galwadau hyn yw eu hunig ddull o gyfathrebu. Ond mae cân y 57–Hz Whale mor unigryw (gan ei bod dri thraw yn uwch na chân yr un morfil arall yn y môr) fel na all neb ei chlywed na'i deall.

Cafodd cân y morfil penodol yma ei darganfod am y tro cyntaf yn ehangder y Môr Tawel yn 1989. Wrth recordio llongau tanfor, ar ddamwain fe recordiodd offer Llynges UDA gân y morfil hwn. Fe ymchwiliodd Dr William Watkins i'r seiniau a sylwi mor wahanol oedd traw ei gân o'i gymharu â'r holl forfilod eraill. Mae gwyddonwyr wedi eu drysu gan y peth ers degawdau. Pam nad yw'r creadur rhyfeddol hwn yn newid ei gân i gyfathrebu ym mhatrwm rheolaidd morfilod eraill? I gymhlethu pethau ymhellach, dyw'r morfil 'rioed wedi cael ei weld hyd y gwyddon ni chwaith, dim ond recordiadau o'i gân sydd wedi'u cadw ar ffeil gwyddonwyr.

Heb gyfrwng cyfathrebu, bydden ni i gyd yn byw yn unig – yn marw heb fedru mynegi ein profiadau a'n meddyliau dyfnaf. Mae gwyddonwyr, yn sgil y morfil 57-Hz, yn holi – ydy'r morfil yn unig, neu ai wedi dewis siarad mewn iaith wahanol mae o? Mae peth aneglurder am yr holl sefyllfa. Ond mae un peth yn siŵr – dim ots os yw'r morfil ar ei ben ei hun neu'n unig, fe wnaiff y creadur unigryw hwn barhau i nofio'r cefnfor yn chwilio am forfil arall sy'n siarad yr un iaith ac yn deall ei gân.

Dwi'm yn siŵr wnaeth y stori fach hon fy ngrymuso neu fy nigalonni. Mae ganddon ni i gyd gân, yn feidrolion ac anifeiliaid, ac mae'n siŵr gen i bod cael ymateb i'r gân honno yn rhywbeth sy'n ein cysuro. Tybed oes gan y morfil hwn y gallu i newid ei gân? Falle bod ganddo, ond ei fod wedi dewis peidio. Oes ganddon ni'r gallu i newid ein cân? Neu ydy ein caneuon oll mor gynhenid fel mai dyma'r unig gân sydd gennym mewn gwirionedd?

Mae'r hanesyn hwn wedi ei serio ar fy nghof gan ei fod, i mi, yn codi cwestiynau mawr am unigrwydd, neu am fod ar ein pennau ein hunain ac effaith hynny arnon ni. Mae unigrwydd yn un o epidemics mawr yr oes hon ac nid cleifion iechyd meddwl yw'r unig rai sy'n dioddef – mae'r ffigyrau diweddaraf yn awgrymu bod rhagor na 60% o bobol unig yn bobol briod. Efallai fod cyfrifoldeb arnon ni oll i edrych ar ôl ein gilydd yn y byd digidol

hwn lle mae cysylltu'n haws nag erioed, ond mae cysylltu
â'n gilydd mewn ffordd sy'n ystyrlon yn anoddach peth o
dipyn.

YMCHWIL CUDD

Ysgrifennwyd y pwt isod ar sail fy mhrofiadau yn Uned Seiciatryddol Hergest, 20 Mawrth 2017.

Yn ystod fy arhosiad, ar 22 Mawrth, bu ymosodiad terfysgol yn San Steffan. Dim ond digwydd clywed am y peth wnes i ar ôl pasio lownj deledu yr uned. Fe wnaeth yr ymosodwr, Khalid Masood, Prydeiniwr 52 oed, yrru car i mewn i gerddwyr ar ochr ddeheuol Pont Westminster gan anafu dros 50 o bobol. Bu farw pedwar yn ystod yr ymosodiad – y terfysgwr ei hun, y plismon Keith Palmer a gafodd ei drywanu, dynes yn ei bedwardegau a dyn yn ei bumdegau. Yn ôl adroddiadau, cafodd 29 o bobol eu trin mewn ysbytai ac roedd saith mewn cyflwr difrifol. Mae'n debyg i'r heddlu arestio naw o bobol mewn cysylltiad â'r ymosodiad brawychus. Fe gadarnhaodd prif swyddog gwrthfrawychiaeth heddlu'r Met, Mark Rowley, fod cyrchoedd wedi eu cynnal mewn chwe chyfeiriad gwahanol dros nos – yn Llundain, Birmingham a llefydd eraill.

Roedd popeth yn glir fel crisial yn fy mhen. Fe ddois i'r casgliad mai asiantau deallusrwydd artiffisial oedd y pryfaid cop coch yn fy ngwaed a'u bod yn bwrw gwybodaeth yn ôl i adran ymchwil cudd y llywodraeth. Fe ddechreuais i feddwl bod gan y Local Artificial Intelligence gyrch yn lledaenu hyd y wlad a bod yr heddwas gafodd ei ladd yn yr ymosodiad ar Bont Westminster yn un o filoedd oedd wedi'u dewis ar hap i gymryd rhan yn y cyrch ymchwil cudd. Prosiect cyfrinachol oedd y cyrch i gasglu gwybodaeth am y ffordd yr oedd dinasyddion ag arbenigeddau a chefndiroedd gwahanol yn casglu data ac yn defnyddio'u sgiliau i ddatrys problemau. Byddai'r holl guddwybodaeth yna'n cael ei throsglwyddo'n electronig i ganolfannau data'r Llywodraeth Brydeinig – llywodraeth sydd, ac a fydd, yn parhau i ddatblygu cysylltiadau â gwledydd amrywiol gan gynnwys rhai yn y Dwyrain Canol i wella dealltwriaeth ryngwladol o guddwybodaeth.

Fe dreuliais i nosweithiau lawer yn cerdded rhwng mynedfa ac allanfa gloëdig Uned Aneurin yn Hergest yn edrych ar fy oriawr bob munud neu ddau, yn benderfynol bod hofrenydd terfysgol ar y ffordd i'm herwgipio. Roedd y terfysgwyr hyn yn deall bod y plismon gafodd ei ladd hefyd yn un ohonan ni, yntau hefyd â phryfaid yn ei waed. Roedd y nosweithiau'n hir a'r aros yn boenus. Pob smic ro'n i'n ei glywed, ro'n i'n benderfynol mai dyna ddiwedd pethau. Roedd hynny braidd yn anffodus, gan fod 18 o gleifion ar Ward Aneurin bryd hynny a lot o sŵn, a llawer yn anniddig gyda'r nos – yn cerdded ar hyd y coridorau ac i mewn ac allan o'r ystafelloedd ymolchi. Ro'n i wedi cael prawf gwaed gan y doctor sawl awr yn gynharach a'r prawf hwnnw wedi dod yn ôl yn glir, ond wnaeth hynny fawr ddim i leddfu'r poenau. Fyddai'r Asiantaeth Wybodaeth Gudd byth yn ei gwneud hi mor amlwg â hynny wrth gasglu gwybodaeth, fydden nhw? Fi oedd y gelyn pennaf bellach, gan 'mod i'n deall 'mod i'n un ohonyn nhw ac yn ceisio'u lladd nhw ac wedi ei gwneud hi'n gwbwl glir nad o'n i eisiau bod yn rhan o'r cyrch rhagor.

Fe gefais i episod yr un mor ddychrynllyd yn dilyn pleidlais Brexit. Am wythnosau lawer ro'n i wedi dilyn y newyddion, wedi bod yn dadansoddi dadleuon y gwrthwynebwyr a'r garfan oedd eisiau gadael Ewrop. Dim ond ar ôl deall beth oedd canlyniad y bleidlais y deallodd llawer y celwydd yr oedd ymgyrch Brexit wedi'i ledaenu. Doedd y Gwasanaeth Iechyd Gwladol ddim yn mynd i gael £100 miliwn yn ychwanegol yr wythnos; fydden ni chwaith ddim yn medru aros yn y farchnad sengl nac arbed £350 miliwn yr wythnos, heb sôn am arbed £2 filiwn ar filiau ynni. Fe allwn i fynd ymlaen ac ymlaen. Roedd y bleidlais yn ei chyfanrwydd yn boenus – y sôn am 'GREAT' Britain, Prydain Fawr na theimlais i, fel Cymraes, 'rioed yn rhan ohoni.

Roedd y bleidlais, a llofruddiaeth greulon yr Aelod Seneddol Jo Cox, yn teimlo fel ergyd i hunaniaeth sawl un oedd o blaid aros o fewn yr Undeb Ewropeaidd. Yn sicr, roedd yn teimlo felly i mi – roedd hi'n teimlo fel craith ddofn, craith gafodd effaith seicolegol andwyol arna i. Gan fod Boris Johnson yn un o'r rhai arweiniodd yr ymgyrch Gadael, fy nghynllun protest oedd teithio i Lundain a llosgi fy hun yn Carlton Gardens wrth ei gartref. Ro'n i'n credu ar y pryd y byddai'r hunanaberthiad cyhoeddus hwn yn ddatganiad cryf yn erbyn celwydd y garfan Gadael ac y byddai'r weithred o losgi fy hun yn ddatganiad gwleidyddol fyddai'n helpu achos y rhai oedd am aros yn yr Undeb Ewropeaidd. Roedd yr holl beth wedi cydio ac yn bwydo rhyw awch hunanddinistriol yndda i. Ro'n i'n brifo ac yn chwilio am gyfrwng mynegiant fyddai'n brotest yn erbyn yr anghyfiawnder ddigwyddodd. I'r ysbyty es i yn y diwedd.

Yn yr un ffordd ag y mae ysglyfaeth yn cael ei ddal yn gaeth i we pry cop, dwi'n gallu cael fy nal yn gaeth i baranoia. Welsoch chi 'rioed bry copyn yn gwau gwe yng ngwlith y bore a'r we sidan yn sgleinio yng ngwres yr haul? Mae'n edrych yn hardd ddigon o bellter, er bod ffawd yr ysglyfaeth sy'n cerdded yn ddiarwybod i mewn i'r clymau sidan yn eithaf anobeithiol. Dim ond yr ysglyfaeth wnaiff fyth weld gwe y pryfyn cop am yr hyn ydy hi mewn gwirionedd. Dim ond yr ysglyfaeth wnaiff deimlo'r frwydr o geisio rhyddhau ei hun o'r clymau sidan. Tybed ydy'r ysglyfaeth yn teimlo fel petai'n colli ei bwyll wrth geisio datglymu ei hun? Rhyw brofiad felly ydy paranoia. Ddim 'mod i'n deud ei fod o'n edrych mor hardd â gwe pry cop yng ngwlith y bore chwaith!

Un enghraifft yn unig yw'r clwstwr pryfaid cop o baranoia. Dwi wedi bod yn gaeth i baranoia sydd ynghlwm â materion gwleidyddol am gyfnodau hir ond wedi llwyddo drwy weithio gyda seicolegydd a seicitarydd i liniaru fy ofnau, gan ddarganfod atebion gwahanol. Ar ei waethaf fe all episod dwys o baranoia bara ychydig ddyddiau neu wythnosau neu fisoedd; fe all fynd a dod neu fe all reoli fy mywyd yn gyfan gwbwl am y cyfnod dan sylw. Mae dioddef yr aflwydd peth yn aml yn fy ngorfodi i frwydro yn erbyn hyrddiau cryf i ddiweddu fy mywyd. Gan amlaf, dydw i ddim, i ddechrau, yn gwybod 'mod i'n cerdded yn syth i mewn i we sidan paranoia, ddim tan ei bod hi'n rhy hwyr. Ddim tan 'mod i wedi fy nghlymu'n gaeth i'r dryswch sy'n fy nghaethiwo. Bryd hynny, fedra i ddim gweld patrwm gwe'r pry copyn yn ei ehangder na ffordd allan. Y cwbwl fedra i ei wneud bryd hynny ydy goddef y peth a cheisio gwneud synnwyr o'r dryswch – sy'n teimlo'n gwbwl real.

Dwi wedi bod yn reit agored am fy stori, ond 'rioed am fanylion fel hyn. Efallai ei bod yn naturiol i fod yn bryderus am rannu'r fath bethau rhag i mi gael fy labelu'n orffwyll. Ond fel un sydd wedi llwyddo drwy ryw ryfedd wyrth i ddod drwy episodau fel hyn a rhai tebyg, dwi'n meddwl amdanaf fy hun, yn hytrach, fel rhywun sydd mewn gwendid meddyliol, a hynny heb ddim bai arna i fy hun. Mae gan yr ymennydd ffordd anhygoel o ddelio efo pethau dan bwysau iselder dwys a gorbryder. Dyw profi'r fath episodau ddim yn bleserus wrth reswm, ond mae medru eu goresgyn, gyda chymorth seicolegwyr a meddygon, yn rhoi gobaith i mi.

LLAIS DIGIDOL

Mae pawb sy'n fy nabod yn gwybod 'mod i'n rhannu fy mhrofiad o bryd i'w gilydd ar y rhwydweithiau cymdeithasol, ar wefannau fel Facebook a Twitter. Ond tydy hynny ddim yn plesio pawb! Pam 'mod i'n rhannu? Mae'r ateb i hynny yn syml. Dwi'n rhannu am fod hynny'n fy helpu i a dwi'n gobeithio ei fod o'n helpu eraill hefyd. Ond, yn sicr, mae'n fy helpu i. Mae'n lliniaru peth ar ddwyster y teimladau dwi'n eu profi, a dwi'n medru byw yn lled hapus fy meddwl 'mod i heb osod baich ofnadwy ar unrhyw un yn benodol, dim ond wedi llwyddo i fod yn onest am sut dwi'n teimlo ac am sut mae'r cyflwr yn effeithio arna i.

Pam na ddylwn i rannu diweddariadau am gyflwr fy iechyd meddwl mewn gwirionedd? Fyddai neb byth yn beirniadu unigolyn am rannu gwybodaeth am sut mae braich sydd wedi ei thorri yn dod yn ei blaen. Ond ymddengys fod gan rai broblem ynghylch rhannu pethau'n agored ar-lein am iechyd meddwl. Yn ystod un o'm hysbeidiau yn yr ysbyty fe gysylltodd unigolyn dwi'n gwybod ei fod wedi dioddef o broblemau iechyd meddwl ei hun gyda fy chwaer yn bersonol, a datgan 'pryder' am y ffaith 'mod i'n rhannu fy mywyd a'm brwydr yn agored ar-lein. Doedd yr unigolyn dan sylw ddim yn teimlo bod canolbwyntio ar y frwydr, yr hyn ro'n i wedi'i wneud neu lle ro'n i bryd

Y tair ohonom ym mreichiau Mam.

Ar wal goch yr ardd.
(Dim clem pwy ydi pwy!)

run ydy prun a pwy ydy pwy? Sawl trilliad
ng Nghymru sy'n cael ANTUR tybed?

Pwt amdanom yn y cylchgrawn *Antur*.

Bore dydd Sul efo'r corgi. (O'r chwith i'r dde – Manon, Malan a Medi.)

Ymarfer ar gyfer eisteddfod. (O'r chwith i'r dde – Malan, Medi a Manon.)

Mam yn mynd â jeli pen-blwydd i dŷ Nain.

Nain Dre (canol), fi ar y chwith, Medi yn y canol a Manon ar y dde.

Blwyddyn 8 (Ysgol Syr Hugh Owen) yn ennill yr Unawd Piano.

Ennill Unawd Piano yn
Eisteddfod Ryngwladol
Llangollen 2000.

Llun prin o Nain Rwsia
– Erika Tamara.

Fy llofft ym Mhrifysgol Bangor.
Chwifio baner hoyw Cymru.

Graddio ym Mhrifysgol Bangor
yn 2009.

Fi a Sioned Glyn.

Yr arhosiad cyntaf
yn Hergest yn 2013.

Ward Aneurin yn Uned Hergest adeg yr arhosiad cyntaf.

Fy llofft yn Hergest yn 2013.

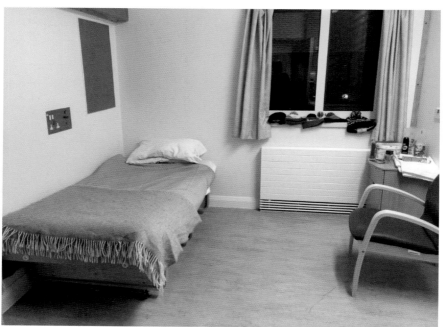

Dathlu pen-blwydd 25 oed yng Nghaer. (O'r chwith i'r dde – Medi, fi a Manon.)

Cyrraedd Hergest ym mis Tachwedd 2016.

Gardd Hergest adeg fy ail
arhosiad yno.

Blogio yn Hergest.

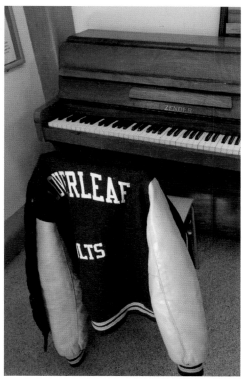

Canu'r piano yn Hergest.

Fi a Cheryl Dunye (Cadeirydd Rheithgor Gŵyl Ffilm Iris).

Dathlu pen-blwydd yn 30 oed
– Medi, Manon a fi.

Ymweliad gan ffrind
arbennig, Elin Wyn.

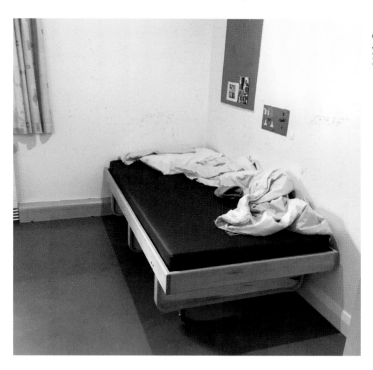

Colli popeth yn ystod arhosiad 2017.

Gardd Hergest yn 2017.

Ymweliad gan
Lleuwen Steffan.

Lleuwen yn rhannu cân.

Dod allan o'r ysbyty a mynd â Wini Lwyd am y tro cynta i Ddinas Dinlle.

Wini Lwyd ar ôl ei hantur fawr gyntaf yn Ninas Dinlle.

Wini Lwyd a Dad.

hynny (sef yn yr ysbyty), yn mynd i'm helpu i gyda'm hadferiad. Roedd o'n teimlo bod y pwyslais, am wn i, yn y lle anghywir. Ei obaith, siŵr gen i, oedd y byddwn i'n tawelu am y cyfan a cheisio canolbwyntio ar adferiad. Dim ond wedyn, pan o'n i rywfaint yn gryfach, y ces i wybod am hyn ac mi oeddwn i'n siomedig gyda'i ymateb.

Beth sy'n gwneud i rai deimlo bod ganddyn nhw'r hawl i feirniadu sut mae eraill yn ymdopi gyda salwch? Wna i byth ddeall hynny! Does gen i ddim cywilydd 'mod i'n dioddef a wela i ddim rheswm pam y dylwn i fod yn fud am y peth. Mae'n rhaid i mi bwysleisio bod y mwyafrif llethol ar-lein wedi bod yn tu hwnt o gefnogol, a does dim dwywaith 'mod i wedi cael cryfder enfawr o ddarllen geiriau ffrindiau a dilynwyr ar-lein.

Brwydr bersonol ydy hi yn y diwedd wrth gwrs, ond mae cefnogaeth ffrindiau yn gysur heb ei ail yn yr oriau duon. Mae fy neges i yn yr oes ddigidol rydan ni'n byw ynddi yn syml – os ydy'r hyn dwi'n ei rannu ynghylch iechyd meddwl ar unrhyw gyfrwng rhyngweithio yn peri loes neu broblem i unrhyw un, dad-ddilynwch fi. Efallai fod hyn yn swnio'n galed a didostur, ond pan dwi'n teimlo 'mod i un cam bach o golli popeth – y frwydr, fy mywyd a phawb sy'n agos ata i oherwydd cyflwr na fedra i ei reoli – barn y plismyn moesoldeb/lles ar Facebook a Twitter ydy'r peth diwethaf ar fy meddwl! Mae gorfodi unrhyw un i fod yn fud am unrhyw gyflwr iechyd yn atgyfnerthu stigma a chamsyniadau niweidiol. Mae'n hen bryd i ni ddechrau siarad yn agored am iechyd meddwl, heb deimlo cywilydd, heb deimlo'n fach a heb deimlo ein bod ar drugaredd unrhyw un. Dwi'n credu'n gryf iawn na ddylai'r un enaid byw fyth ymddiheuro am rannu profiad personol sydd ynghlwm â chyflwr fel iechyd meddwl ar-lein. Drwy rannu rydan ni'n dysgu, yn aml. Yn dysgu amdanon ni'n hunain, am ein cyflwr ac am eraill a sut mae'r cyflwr yn effeithio arnynt hwy.

Mae'n rhaid i ninnau yn yr un modd fod yn dawel ein meddwl fel unigolion sy'n rhannu ar-lein ein bod ni'n parchu ein ffiniau personol a ddim yn gwneud sefyllfa bersonol fregus yn waeth. Mae darganfod y 'llais digidol' yma'n medru cymryd peth amser, ond mae gwerth ynghlwm â gwneud hynny. Mae gennym ddyletswydd nid yn unig i ni ein hunain, ond i eraill hefyd. Mae yna lawer o unigolion bregus sy'n darllen, rhannu ac aildrydar negeseuon am iechyd meddwl. Y peth diwethaf, dwi'n siŵr, y byddai unrhyw un eisiau ei wneud yw edrych fel petai'n hyrwyddo syniadau am hunanladdiad ar-lein.

Wrth drafod y stigma o rannu mewn oes lle rydan ni'n gweld cynnydd mewn achosion o iechyd meddwl, un o'r camsyniadau mwyaf niweidiol, yn fy meddwl i, ydy'r gred anhygoel sydd gan rai fod unigolion yn rhannu profiadau 'i gael sylw'. Ydy, mae o wir yn teimlo mor boenus ag y mae'n swnio ac yn edrych ar y dudalen hon. Mae'r fath syniad yn berwi fy ngwaed i. Ond mae'n rhywbeth dwi'n credu y dylen ni ei drafod, gan fod y syniad yn llawer mwy poblogaidd nag y mae ambell un yn ei feddwl.

Does 'na neb yn cael ei eni gyda'r bwriad o fod eisiau

dioddef bob dydd neu hyd yn oed fod eisiau marw i 'gael sylw', siawns?! Ond eto, mae rhai yn credu hynny. Y gwir, wrth gwrs, yn amlach na pheidio, ydy bod 'na ffactorau eraill, ffactorau genetig ac amgylcheddol, yn gyfrifol am y newid ym mywydau unigolion sy'n dioddef. Mae gen i ddegau o ffrindiau sy'n mynd drwy'r drin yn ddyddiol – sy'n gweithio mewn swyddi rhan-amser a llawn-amser a hynny'n tu hwnt o lwyddiannus. Pam fyddai'r unigolion hynny 'eisiau sylw' am rannu profiad anodd pan maen nhw'n profi llwyddiant mewn sawl ffordd arall sy'n bositif yn eu bywydau? Y camsyniad creulon hwn ydy'r tâp trwchus sy'n gyfrifol am ffrwyno gwefusau sawl un sy'n dioddef. Y tâp trwchus sy'n gwneud iddyn nhw deimlo cywilydd am fodoli gyda'r cyflwr neu am feiddio rhannu profiad. Y tâp trwchus sy'n creu ofn ac yn gwneud i unigolion sy'n dioddef deimlo'n israddol.

RHYDDHAU'R CRANC

Weithiau, mae disgrifio sut mae rhywbeth yn teimlo yn anodd. Ond weithiau mi gawn ni brofiad sy'n crisialu'r peth yn berffaith. Dyma sydd gen i yma. Dwi'n caru anifeiliaid – dyw hynny ddim yn gyfrinach. Mi fyddai rhai falle'n meddwl 'mod i'n emosiynol anghymesur, am wn i – dwi'n eu caru nhw gymaint. Ac nid jyst Wini Lwyd, fy nghi defaid, chwaith, ond pob math o anifeiliaid (unrhyw beth sydd ddim yn siarad, i bob pwrpas!). Wnes i sefyll ar fuwch goch gota ar wyliau yn Ffrainc chydig flynyddoedd yn ôl (ar ddamwain yn llwyr!) ac mi gafodd hynny gryn effaith arna i. Mae'r cyfan yn swnio'n hurt, dwi'n gwybod, ond arhoswch efo fi, plis. Mae'n siŵr gen i 'mod i wedi sefyll ar gannoedd ar filoedd o bryfetach a morgrug yn fy amser – ond 'mod i heb sylwi. Ond mi sylwais i'n syth 'mod i wedi sefyll ar y fuwch goch gota druan yn droednoeth, ac mi deimlais i'r peth. Mi feddyliais i am wythnosau wedyn am hynny, am y boen ro'n i wedi ei rhoi iddi a ffordd mor greulon oedd hynny i farw. Falle mai obsesiwn sydd gen i efo ceisio rhoi llais i'r di-lais, ond mi gafodd y digwyddiad hwn gryn effaith arna i.

Ar ôl i mi ddod o'r ysbyty am yr ail dro, fe es i i lan y môr efo Wini, fy nghi. Mi welais i garreg fawr a darn o linyn yn dod oddi tani ac yn mynd i mewn i'r môr.

Ro'n i'n chwilfrydig, felly dyma godi'r garreg a thynnu ar y llinyn, a thynnu eto. Fe ges i'r syndod creulonaf ar ôl gweld corff cranc bychan, a'r llinyn ro'n i wedi tynnu arno yn glymau byw o amgylch ei grafangau. Roedd o'n methu rhoi un droed o flaen y llall. Pwy fyddai'n gwneud peth mor greulon? Pa mor hir oedd o wedi bod yn troi yn ei glymau ei hun? Mi ges i'n ysgwyd i'm seiliau wrth weld y peth bach yn dioddef. Os oedd gen i un pwrpas y prynhawn hwnnw, rhyddhau'r cranc oedd hynny. Doedd Wini ddim yn hapus, ond mi fyddwn i'n cael digonedd o amser efo hi wedyn.

Fe es i i gefn y car i nôl pecyn bach gwyrdd cymorth cyntaf oedd gen i, ac i lawr â fi am y traeth eto. Roedd y llinyn yn tu hwnt o gryf, ac mi gymerodd sawl ymdrech gyda fy siswrn bach gwyrdd i ryddhau'r cranc o'r prif linyn, ond mi wnes i hynny cyn dechrau ar y gwaith o geisio datglymu gweddill y llinyn oedd o amgylch ei gorff. Falle 'mod i'n hoffi anifeiliaid ond do'n i 'rioed wedi gafael mewn cranc, a doedd meddwl am gael fy mhinsio ddim yn fy llenwi efo ffydd na hyder. Ond gafael ynddo'n ofalus wnes i, gan geisio datglymu'r llinyn o amgylch ei gymalau. Mi wnes i fy ngorau glas, ond lwyddais i ddim gyda phob darn o'r llinyn. Ond mi wnes i ryddhau digon o'r llinyn i'w adael o'n rhydd i fentro eto, gyda phob crafanc yn medru symud. Yn syth yn ei flaen yr aeth o drwy'r dŵr a'r tywod cyn diflannu i'r môr mawr.

Dwi wedi meddwl dipyn am hyn wedyn. Ar ôl y don o lawenydd ges i 'mod i wedi llwyddo i'w achub, fe ddaeth euogrwydd. Oedd ei ryddhau o i fyd gwyllt mewn gwendid yn beth iawn i'w wneud? Fyddai ei fywyd o'n waeth am ei fod o'n darged hawdd i eraill? Oedd o'n hapus? Wn i ddim wir beth yw'r atebion i'r cwestiynau hyn. Ond dwi *yn* gwybod ar un lefel 'mod i'n falch 'mod i wedi llwyddo i'w ryddhau yn ôl i'r môr mawr – hyd yn oed os oedd o mewn peth gwendid. Taswn i'n granc, mi fyddwn i'n falch o'r ail gyfle.

A theimlad felly oedd dod adref o'r ysbyty ar ôl fy arhosiad hir cyntaf hefyd, ar ôl ewyllysio marwolaeth. Gydag amser, mi ddes i i deimlo'n ddiolchgar o gael ail gyfle, a bod doctoriaid a nyrsys ar ôl oriau lawer o ofal dwys wedi gallu fy rhyddhau. Dwi wedi teimlo'n wahanol ers hynny, ond mi gofia i'r teimlad hwnnw tra bydda i byw. Y teimlad o fod yn falch 'mod i wedi rhyddhau'r cranc a bod meddygon gofal dwys wedi medru fy rhyddhau i. Dwi mewn gwendid parhaus o ganlyniad i'r cyflwr, ond dwi'n gorfod dysgu byw efo hynny. Diolchaf am yr hyn sydd gen i, tan 'mod i'n methu gwneud hynny rhagor. Mae hi'n wers bywyd, a deud y gwir, sy'n pwysleisio pwysigrwydd gwerth bywyd. Fydda i'n meddwl yn aml am yr hen granc, lle mae o a sut fywyd mae o'n ei gael. Gyda'r ddau ohonan ni'n byw gyda gwendid, sut hwyl gawn ni, tybed?

METHU

Tydy cyfaddef methiant byth yn hawdd i unrhyw un. Ond dwi *yn* methu. Yn aml. Falle 'mod i'n enghraifft o rywun sy'n medru rhannu, rhywun sy'n llwyddo i weithio'n llawn amser, ond dwi'n dal i fethu yn bur aml ac mae 'na bris yn dod efo hynny. Mi feddyliais i'n hir cyn cynnwys y pwt yma yn y gyfrol, ond yn y diwedd, mi feddyliais i efallai y byddai mwy o werth o'i rannu na'i gadw'n dawel. Nid fy stori i ydy hi o hyd, ond stori'r salwch, os gawn ni ei alw'n hynny.

Un o'r pethau rydan ni'n ei wneud yn ddyddiol ydy ymolchi. Edrych ar ôl ein hunain. Rydan ni'n dysgu'r grefft o'r crud ac mae anifeiliaid yn gwneud hyn yn reddfol. Dyma un o'r heriau wrth ddelio ag iselder. Methu ymolchi. Methu cymryd cyfrifoldeb am rywbeth sy'n gwbwl hanfodol i'n glendid a'n parhad – yn gorfforol ac yn feddyliol. Ar fy ngwaethaf, alla i ddim ymolchi am wythnosau, ddim yn iawn. Pa mor annaturiol ydy hynny, mi glywa i rai'n gofyn. Mae'n annaturiol falle i berson sydd ddim yn brwydro yn erbyn iselder. Ond i ymolchi a chymryd balchder yn ei ymddangosiad, mae'n rhaid i rywun ar ryw lefel deimlo gwerth ynddo'i hun, am wn i. Gwerth personol a gwerth cymdeithasol. Dyma lle dwi'n methu. Mae penwythnosau yn anodd. Cyfnod o orffwys a chyfnod o baratoi i lawer ond i mi, yn amlach na pheidio, mae penwythnosau yn gyfnod o fethu. Methu codi, methu gwisgo, methu ymolchi. Dwi'n troi'n feudwy ar nifer o benwythnosau. Os ydy pobol yn fy ngweld ar benwythnosau, fe fydd hynny yn amlach na pheidio gyda Wini, fy nghi, neu mewn siop fwyd. Gan amlaf, mae waliau fy nghartref yn codi ar benwythnosau a dwi'n cuddio oddi wrth y byd.

Dwi'n teimlo'r fath gywilydd am fy mhroblemau ymolchi achlysurol. Does 'na neb eisiau eistedd wrth ymyl rhywun budur. Nid budur ydan ni, wrth gwrs, ond sâl. A dyna gyfaddefiad arall, dwi'n casáu'r gair 'sâl'. Mae iselder yn gyflwr tymor hir, mae'n anodd iawn derbyn 'mod i'n 'sâl'. Mae'n anodd iawn parhau i lyncu moddion pan dwi'n gweld bod y sefyllfa ddim yn altro rhyw lawer. Mae'n anodd iawn dioddef fy hun ar fy isa. Yn eistedd, yn yr un dillad, yn methu ymolchi na chodi llaw i wneud unrhyw beth i geisio gwella fy sefyllfa. Dwi'n gobeithio y bydd y sawl sy'n darllen y cofnod hwn yn drugarog ac y gwnân nhw ddeall fy sefyllfa – ddim meddwl amdana i fel person budur, diog sy'n esgeuluso fy nghyfrifoldeb personol a chymdeithasol. Mae sebon yn llwyddo i ddwysáu'r anobaith, yn atgyfnerthu syniadau personol 'mod i'n glanhau ac yn gofalu am afiechyd sy'n fy llyncu – afiechyd sy'n bownd o ffynnu o'r herwydd. Nid glanhau'r afiechyd yw'r bwriad, ond difa'r aflwydd peth. Dyw'r naratif personol pan dwi ar fy ngwaethaf yn rhoi dim gwerth ar ofal personol. Gofalu am beth? Gofalu am gyflwr sy'n achosi hunlle i mi? Am gyflwr sy'n gwneud i mi'n amlach na pheidio fod eisiau terfynu fy mywyd fy hun? Tydy chydig o sebon a bybls yn gwneud fawr i'r enaid pan dwi mor isel â hynny. Mae'r holl beth yn teimlo fymryd yn sbeitlyd.

AR Y CYRION

Ar y cyrion dwi wedi bod 'rioed. Dyw hynny ddim i
ddeud 'mod i heb deimlo cariad. Ond ar y cyrion dwi wedi
bod drwy gydol fy mywyd, yn edrych i mewn. Mae'n lle
diorffwys i fod ynddo. Fedra i ddim teimlo ysgwydd arall
wrth ymyl f'un i, na llaw yn cyffwrdd fy llaw – ond mi fedra
i weld popeth o ble dwi'n sefyll ac mae'r popeth dwi'n ei
weld yn newid o hyd ac o hyd, yn gyflym ac yn barhaus.

Efallai'n wir mai myth ydy'r syniad bod unrhyw un
ohonan ni'n teimlo'n bod ni yng nghanol pethau, ac
mai dablo i mewn ac allan o gylchoedd amrywiol rydan
ni drwy gydol ein hoes. Ers miliynau o flynyddoedd mae
meidrolion wedi byw mewn llwythau sy'n glynu wrth
werthoedd cymunedol a chrefyddol. Mi fydda i'n meddwl
weithiau 'mod i jyst heb ddarganfod fy 'llwyth' eto. Mae
rhannau ohona i'n ysu am fod yn Gristion, neu am gael
ffydd mewn rhywbeth uwchlaw ein profiad corfforol,
ffisegol yma ar y ddaear. Ond mae fy siniciaeth wedi golygu
bod hynny'n amhosibl hyd yma, a chredwch chi fi, mi ydw
i wedi trio bod yn agored fy meddwl sawl tro. Mi fydda i'n
teimlo weithiau mai fi yw fy ngelyn pennaf. Dwi'n arddel
gwerthoedd Cristnogol, ond tydw i'n sicr ddim yn credu
'mod i'n haeddiannol o alw fy hun yn Gristion.

Mi fydda i'n meddwl weithiau fod pobol fel coloni o

forgrug. Pawb yn gwneud yr un peth ac yn symud i'r un cyfeiriad yn ddigwestiwn. Cymerwch gyfnod y Nadolig neu'r Pasg – mae'r boblogaeth yn llu yn yr archfarchnadoedd yn stwffio, cymharu prisiau, a'r rhai llai amyneddgar yn rhegi dan eu gwynt wrth lwytho eu basgedi'n orlawn, cyn i'r bygythiad enfawr y bydd y cymdogion yn cymryd y tatws olaf yn y siop gicio i mewn. Dyma symud at fara'r bywyd – bodio'r torthau ar y silffoedd nes eu bod nhw'n gleisiau byw, cyn mynd ati ar ôl yr holl halibalŵ i ofyn i'r pobwr yn y cefn am 'dorth ffres wedi'i thorri'n denau'. Mi fydd rhai'n cael eu dal wedi colli'u pennau, yn syllu ar y cartonau sudd, yn darllen calorïau neu'n cymharu'r cynhwysion, yn cymryd oes pys dros benderfyniad bach. Does dim amdani wedyn ond rhoi popeth yng nghefn y car a mynd am adra, cyn dadlwytho'r cyfan a hwylio swper. Sgwrs fer wedyn am sialensau'r dydd cyn ei throi am y gwely. Mi fydd gan rai ddefodau wythnosol fel dosbarth ioga ar ddydd Mawrth, Slimming World ar ddydd Mercher, mynd â'r genod i nofio nos Iau a photel o win oer nos Wener. I ffwrdd i'r eisteddfod wedyn ar ddydd Sadwrn a stiwio dros y cwestiwn: pam bod y ferch wedi cael ail ar y llefaru pan oedd hi 'ben ac ysgwydd' yn well na'r un oedd yn fuddugol?

Ond, yn amlach na pheidio, mi deimla i 'mod i ar y cyrion, yn meddwl: pam ac i be? Ydy pawb arall yn gwybod rhywbeth dwi ddim? Ydan nhw'n gwybod beth ydy pwrpas hyn i gyd? Mae rhan ohona i'n cenfigennu am na fedra i fod fel 'nhw'. Ond dwi'n ddirfodwr poenus yn y bôn.

Dwi'n methu deall 'run smijyn yn fwy am hanfod bywyd na'n pwrpas ni yma drwy dreulio'n amser yn syllu ar gefn cartonau sudd oren neu ar friwsion torth ffres. Peidiwch â 'nghamddeall i – mae arna i angen bwyta fel pawb arall, ond mae 'mhen i yn rhywle arall, yn bell, bell i ffwrdd. Mae gen i fy lle ar y cyrion a falle wir 'mod i wedi datblygu gwreiddiau yno bellach. Ond dyw hynny ddim yn lleddfu fy nyhead i fod eisiau perthyn i rywbeth llawer mwy, i achos neu i ffydd all fy nghynnal drwy galedi bywyd, pan ddaw. Mi fyddwn i bron yn deud bod gen i ymdeimlad o hiraeth am y syniad o berthyn, ond dwi 'rioed wedi profi'r perthyn hwnnw dwi'n breuddwydio cymaint amdano.

CYFARFOD DUWIAU

Wedi bod i weld ffrind yn Llanfair oeddwn i, tua diwedd mis Tachwedd 2016. Roedd hi'n finiog oer ac yn stido bwrw glaw. Ro'n i'n gwybod yn fy mhen beth oedd yn mynd i ddigwydd cyn llyncu'r gegiad olaf o'r baned yn yr heulfan ond ddeudais i ddim byd wrth fy ffrind, dim ond codi pac a mynd oddi yno efo tocyn un ffordd. Mi barciais fy nghar ar ochr Pont Borth cyn dechrau'r daith yn erbyn y gwynt a'r glaw hyd ymyl pafin y bont, a'r traffig yn fy mhasio'n gyflym. Roedd 'na gryn dipyn o waith cerdded i'r man lle ro'n i wedi cynllunio i fod – yn y canol, lle mae popeth ar ei uchaf a'i ddyfnaf. Doedd gwneud hyn ddim yn anodd gan 'mod i wedi breuddwyio droeon am y peth, am y rhyddid o allu rheoli popeth. Breuddwydio am sefyll ar y darn carreg enfawr sy'n cefnogi strwythur canol y bont, cyn troedio'n ofalus ar y barier metel. Ro'n i'n disgwyl i adrenalin fy nghorff wallgofi nes ei fod o'n rheoli pryd yn union fyddwn i'n neidio.

Un broblem oedd 'na – roedd y pwynt ar y bont lle ro'n i'n sefyll yn uwch na'r hyn ro'n i wedi ei ddychmygu, yn llawer iawn uwch, taswn i'n onest, a'r coed enfawr wrth ochr y bont yn edrych fel delwau tywyll yn syllu arna i yn fy angladd.

Mi sefais ar ben y garreg fawr cyn ymdrechu i osod fy

nhroed ar y barier. Mi ddechreuodd fy nghoes chwith grynu y tu hwnt i reolaeth, crynu gymaint nes 'mod i'n methu â chanolbwyntio ar unrhyw beth arall. Mi ddechreuodd fy ngwddw frifo ac aeth fy ngheg i'n sych grimp, nes bod llyncu 'mhoeri yn boenus. Roedd anadlu, hyd yn oed, yn brifo.

Rhewi wnes i, yn gorfforol ac yn feddyliol – methu meddwl, ond eisiau neidio. Roedd y 'rheolaeth lwyr' y breuddwydiais i amdani yn teimlo fel y diffyg rheolaeth mwyaf a deimlais 'rioed, a'm meddyliau yn gawlach gorffwyll; yn gymysgedd o ofn, panig a dyhead. Am eiliad roedd pob paradocs y meddyliais amdanyn nhw 'rioed yn gwneud synnwyr. Ro'n i eisiau popeth, ac eisiau dim byd. Peth swnllyd ydy tawelwch. Dim ond priodas arall ydy ysgariad a dadeni ydy marwolaeth. Ro'n i rywle yng nghanol y gwrthdddywediadau hyn, yn crynu ac yn socian, eisiau neidio, ond yn ofni gwneud. Roedd yr hyn y meddyliais amdano droeon fel fy nadeni bellach yn ymddangos yn ddinistriol.

Y noson honno roedd 'na ddieithryn ar y bont – dieithryn caredig – a gofynnodd i mi ddod i lawr. Gwyn Jones oedd ei enw, athro Mathemateg yn Ysgol Uwchradd Bodedern. Ychydig fel y Samariad y dysgais amdano yn yr ysgol Sul stalwm. Roedd o eisiau hỳg, meddai, ei lais o'n gadarn ond yn feddal. HỲG?! Ar ganol pont a hithau'n stido bwrw glaw? Wnes i drio gofyn iddo adael i mi i fod sawl gwaith, ond roedd o'n gwrthod gwneud hynny. Dal i ofyn oedd o – am hỳg. Erbyn hyn, roedd dagrau'n powlio i lawr fy ngruddiau – dwn i'm ai oherwydd panig ynteu oherwydd y siom 'mod i'n methu neidio, a bod gen i rywun bellach yn aros amdana i, yn trio newid popeth a'r cynllun gwreiddiol wedi troi'n flêr. Pa enaid mewn gwirionedd all wrthod HŶG i un arall ar ochr pont yng nghanol gaeaf? Mi ddeudodd hefyd fod 'na bobol ifanc mewn ysgolion yn teimlo mai rhoi terfyn ar eu bywydau oedd yr ateb. Ond nad oedd o'n ateb, mewn gwirionedd, fod 'na atebion eraill posib.

Dwi'm yn cofio lot ar ôl hynny, dim ond ei fod o wedi fy helpu i ddod i lawr oddi ar y bont wrth i ddau gar heddlu frysio i'm cyfeiriad gyda'r golau glas yn boddi'r tywyllwch. Fo roddodd hŷg i mi, cyn i'r heddlu symud fy nghar a'm cludo i Hergest – lle byddwn i'n treulio cyfnod arall eto fyth.

Mae Hergest wedi teimlo fel carchar ac fel noddfa i mi ar gyfnodau gwahanol. Dwi wedi treulio llawer gormod o oriau yno dan oruchwyliaeth barhaus tra 'mod i'n ceisio terfynu fy mywyd. Dwi wedi treulio sawl awr dywyll mewn ystafell wag yn siarad efo fi fy hun ac efo staff yr uned. Mae'r staff yn hyfryd yno, rhai dwi wedi dod i'w hadnabod ers fy nhro cyntaf yno. Ar nodyn ysgafnach, dwi wedi gwneud sawl ffrind yno, pobol na wna i fyth eu hanghofio. Mae gan bawb ei stori, ac am gyfnod byr mae ein llwybrau yn croesi ac mi ydan ni'n barod i helpu ein gilydd, hyd yn oed os ydy helpu ein hunain yn teimlo ychydig yn anoddach wrth i bob un ohonan ni frwydro yn erbyn amrywiol gyflyrau.

Un atgof sy'n dwyn gwên oedd sylwi (pan oedd y

wardiau yn gymysg eu rhyw) bod 'na ŵr annwyl iawn yno oedd yn credu mai fo oedd Duw! Weithiau mae pobol yn credu mai pobol eraill ydan nhw mewn gwaeledd – mae hynny'n eithaf cyffredin, yn ôl pob golwg. Ond yr hyn oedd yn bur anghyffredin oedd bod 'na ŵr arall wedi dod i mewn yn fuan wedyn, oedd hefyd yn credu mai fo oedd Duw. Daeth tensiwn heb ei ail pan sylweddolodd y ddau eu bod nhw'n dduwiau!

Afraid deud bod y nyrsys wedi gwahanu'r ddau cystal ag y medran nhw ar y pryd, ond roedd y gweiddi pan ddeuai'r ddau i gwrdd â'i gilydd yn y coridor yn ofnadwy, yr iaith yn goch a'r berthynas rhyngddynt yn bur anghristnogol. Roedd Duw rhif 1 yn hyddysg yn ei feibl ac yn siarad ag ysbrydoliaeth ddwyfol. Roedd Duw rhif 2 yn traethu byth a beunydd am yr *evangelium*, am yr Efengyl yn ôl Mathew, Marc, Luc ac Ioan, er nad oedd o fyth yn ymhelaethu, dim ond gadael i bawb wybod bod atebion bywyd i'w canfod yn yr Efengylau.

Does dim un arhosiad ysbyty yr un fath â'i gilydd. Mae iselder yn effeithio ar bobol yn wahanol. Ond mae waliau'r hen uned yr un fath. Wrth fynd i gysgu yng nghanol fy ofnau, gyda'r duwiau i'r naill ochr i'r coridor, dwi'n cofio rhedeg fy llaw yn ysgafn dros y waliau oer – waliau sy'n gweld dim ond gwaeledd.

Daeth penawdau'r dydd i 'mhen – pobol Tahrir, Mosul, Irac, yn rhedeg mewn panig yn dilyn ymosodiad o'r awyr ar ymladdwyr y Wladwriaeth Islamaidd, a llun o'r frenhines mewn du yn arwain y coffáu ar Sul y Cofio yn y Cenotaph yn Llundain. Roedd y byd yn newid o flaen fy llygaid a minnau'n segur yn yr ysbyty. Mi feddyliais i pa mor farus ydy dyn – yn traethu, rhyfela a lladd yn enw Duw, boed hwnnw'n Dduw y Cristion, Ganesha neu Allah. Pwy pia Duw? Nid darlun o'r dyn sicr a chyfiawn ei gred yw'r un sy'n lladd ac yn dinistrio addoldai yn ei ymdrech i argyhoeddi, ond darlun o ddyn desbret – pechadur – sy'n ceisio perchnogi Duw drwy drais a lladd.

Efallai mai natur sy'n perthyn fwyaf i Dduw yn yr hen fyd 'ma – haul, môr, gwynt, tywod a'r holl anifeiliaid o'r falwen i'r aderyn ac yna i'r eliffant. Wrth orwedd yn effro y noson honno (efo Duw rhif 1 ddau ddrws i lawr oddi wrtha i a Duw rhif 2 ben arall y coridor) fe ddois i i ddeall nad ydan ni'n berchen ar unrhyw beth mewn difri, er gwaethaf ein hymdrechion gwaedlyd a pharhaus i geisio perchnogi popeth o Dduw i diroedd llwythau y brodorion cynnar. Yn annhebyg i'r byd mawr creulon, roedd yna ddigon o le i Dduw rhif 1 a Duw rhif 2 gyd-fyw yn Hergest ac mi ddaeth y ddau, ymhen amser, i dderbyn eu gwahaniaethau, fel ffrindiau. Roedd profi'r fath drugaredd yn hyfryd yno. Falle bod y byd creulon rydan ni'n byw ynddo yn ein gwneud ni'n galed weithiau, yn ddiarwybod i ni ein hunain.

YR ARDD

Dwi wedi gweld llawer o erddi yn fy amser, wedi eistedd mewn gerddi, wedi yfed gwydreidiau o ddiodydd ffisi mewn rhai eraill ac wedi gwrando ar sŵn adar yng nghanol byd natur. Ond does 'na ddim un ardd cweit fel gardd siâp wythonglog Uned Hergest. Gardd goncrid ydy hi efo cylch o bridd yn y canol i blannu blodau a phlanhigion. Safle'r ysmygwyr ydy'r ardd mewn gwirionedd; dyna lle maen nhw'n heidio am sgwrs, i fwrw bol, neu i dorri i lawr weithiau. Mae'n gyfle i bawb gael edrych ar rywbeth yn lle muriau llofft, i weld y sêr a'r lleuad ar ambell noson ac i fyfyrio ar yr hyn sy'n eu hwynebu a'r hyn sydd o'u blaenau.

Yn yr ardd y bydden ni gleifion yn trafod 'pethau' mawr bywyd ac yn dyfnhau ambell gyfeillgarwch. Yn yr ardd hefyd roeddan ni'n cael ein hatgoffa ein bod ni i gyd fymryn yn debycach i'n gilydd na'r hyn roeddan ni'n ei gredu i ddechrau. Rydan ni'n sylwi mai pobol ydan ni i gyd yn y diwedd, yn wynebu amrywiol heriau. Does 'na ddim un diwrnod yn yr ardd yr un fath. Ar ddiwrnod da, mae'n bosib y gwnaiff rhywun ddeffro ben bore i bwt o aria gerddorol – os na fydd y ferch sy'n dotio ar ganeuon *country and western* wedi achub y blaen ac wedi bwrw 'mlaen i ymarfer ei *repertoire* arferol hithau!

Mae'r toeau llechi llwydion yn ein cau ni oddi wrth weddill y byd ac yn dod â rhai ohonan ni sydd o'u mewn ychydig yn nes. Dwi wedi cael trafodaethau ingol yn yr ardd dros y blynyddoedd, trafodaethau am derfynu fy mywyd, ac wedi clywed hanesion gan gleifion eraill oedd wedi dymuno gwneud yr un peth. Mae gan bawb groes i'w chario a fuodd hynny 'rioed yn fwy amlwg nag yng ngardd Hergest. Dwi wedi clywed merched yn sôn am fod mewn perthynas erchyll o gam-drin domestig ac wedi clywed sut mae hynny wedi arwain at gam-drin diod a chyffuriau a hynny yn ei dro yn golygu eu bod nhw'n colli'u plant. Mae gardd Hergest, heb os, wedi amlygu'r sialensau eithafol sy'n wynebu rhai cleifion.

Mae 'na wastad gymeriadau yng ngardd Hergest, felly dyma sôn am rai ohonynt. Prysuraf i ychwanegu bod eu henwau a manylion rhai straeon wedi amrywio fymryn i sicrhau eu preifatrwydd.

Roedd Sharon wedi bod yn siarad â mi ers misoedd lawer ac wedi bod yn dangos lluniau o fwthyn hyfryd ger y môr i mi. Dynes ganol oed oedd Sharon, yn hoff o smocio a chwerthin. Ei chartref hi oedd y bwthyn, meddai hi, ar ôl iddi roi genedigaeth i'r babi roedd hi'n ei gario ar y pryd. Roedd hi'n mynd allan i'r ardd bron bob dydd gydag albwm lluniau. Lluniau ohoni hi'n ifanc, lluniau o'i mam a'i thad, o'i meibion a'i gŵr ac, wrth gwrs, lluniau o'r bwthyn bach ger y môr. Roedd o'n llecyn mor brydferth i ddechrau teulu newydd! Roedd ganddi bopeth, meddyliais. Weithiau, mi fyddai Sharon yn eistedd ar ei phen ei hun yn yr ardd, yn edrych ar luniau'r albwm ac yn chwerthin. Chwerthin yn uchel, lond ei bol – yno ar ei phen ei hun. Roedd Sharon yn un o'r merched hapusaf i mi ei chyfarfod 'rioed. Yn aml, roedd hi'n chwerthin wrthi hi ei hun yn dawel ac weithiau'n chwerthin yn uchel nes bod ei sŵn yn llenwi'r coridorau. Hon oedd Sharon. Roedd 'na siawns y byddai rhywun yn ei chlywed cyn ei gweld.

Un noson mi ofynnodd Sharon i mi am smôc – a chael ffit wyllt ar ôl i mi ddeud wrthi nad oedd gen i rai. Mi ddechreuodd weiddi, a minnau'n trio egluro wrth y nyrs beth oedd wedi digwydd. Mi eglurais nad oedd gen i smôcs ac mi ddeudais i hefyd 'mod i'n poeni am faint roedd hi'n ei smocio'n ddyddiol a hithau'n cario babi. Mi rewodd llygaid yr aelod staff arna i – ddeudodd hi ddim byd am eiliad, cyn sibrwd (chydig yn araf yn fy nghlust i), 'Paid â choelio popeth mae pobol yn deud wrthat ti fan hyn.' Am y tro cyntaf, ar ôl misoedd o drafod a dod i nabod Sharon, daeth hi'n glir i mi nad o'n i'n ei nabod hi o gwbwl. Ro'n i'n deall bellach nad oedd Sharon yn disgwyl babi. Ches i fyth wybod ai hi oedd bia'r bwthyn bach wrth y môr na chwaith a gafodd hi fyw yno ar ôl gadael Hergest, os oedd 'na ffasiwn le o gwbwl? Ches i ddim gwybod pam roedd hi'n chwerthin mor aml. Roedd Sharon annwyl yn gaffaeliad i'r ward. Roedd y lle'n llawer tlotach ar ôl iddi adael.

Wedyn, roedd Bobbi, dynes lawer hŷn oedd yn canu mwy nag roedd hi'n siarad. Roedd 'na rywbeth reit swil amdani. Ond doedd hi byth yn swil pan ddeuai i ganu caneuon Bob Dylan. Roedd hi'n gwybod holl eiriau ei ganeuon ac yn credu bod holl atebion bywyd fyddai unrhyw un eu hangen byth yn y geiriau. Roedd rhywbeth *nostalgic* amdani, a phreifat, a ches i fyth wybod lot am ei bywyd. Roedd ei llais canu'n feddal gyda chyffyrddiadau amrwd, a'r gallu ganddi i swyno ward pan ddechreuai ganu:

One dream in my heart,
One love to be living for,
One love to be living for,
This nearly was mine…

Now, now I'm alone,
Still dreaming of paradise,
Still saying that paradise
Once nearly was mine!

Un peth roedd hi'n ei ddeud byth a beunydd oedd, 'Friends, friends, the times they are a-changin', they are a-changin', cyfeiriad arall wrth gwrs at un o ganeuon poblogaidd Bob Dylan. Doedd 'na ddim golwg hapus ar ei hwyneb pan fyddai hi'n sôn am y newid, ond roedd angerdd amlwg yn y llais. Mi fyddai hi'n dechrau:

Come gather round people, wherever you roam,
And admit that the waters around you have grown
And accept it that soon you'll be drenched to the bone.
If your time to you is worth savin'
Then you better start swimmin' or you'll sink like a stone
For the times they are a-changin'.

Wedyn, roedd Jill. Roedd Jill, yn ei golwg hi ei hun o leia, yn diodde'n ddrwg o anhwylder y ddau begwn. Weithiau roedd ei hysbryd yn uchel a'i chynlluniau'n niferus – droeon eraill, roedd hi'n isel tu hwnt. Yr un peth amlwg wnaeth fondio Jill a mi oedd ein cariad at golomennod yr iard gefn. Do'n ni ddim i fod i'w bwydo nhw, ond mi fyddai'r ddwy ohonan ni'n gwneud hynny'n slei bach. Roedd sgwrsio am ba golomennod oedd wedi bod yno yn ystod y bore yn ffordd dda o ddechrau'r dydd.

Un o'r rhesymau pam roedd Jill yn credu ei bod hi yn yr Uned oedd bod ganddi'r holl ffeithiau ac atebion i achosion erchyll, gwaedlyd, Jack the Ripper o gwmpas ardal Whitechapel, Llundain yn 1888. Roedd hi'n mynnu bod ymdrech trawsgenedlaethol ar droed i'w chadw mewn ysbytai meddwl am ei bod hi'n gwybod gormod, yn gwybod mwy na'r llythyrau sydd wedi'u cyhoeddi a holl bapurau newydd y cyfnod. Do'n i ddim cweit yn deall syniadaeth Jill bob tro – roedd pethau'n gymhleth ganddi a'r cwbwl ro'n i'n medru ei wneud oedd eistedd yno a chynnig clust iddi. Ar ddiwrnodau da roedd hi'n un o'r unigolion mwyaf didwyll ar y ward i gyd. Roedd cael gweld Jill yn cryfhau a gwella yn rhodd enfawr. Roedd gweld dryswch yn troi'n fywyd iach o flaen fy llygaid yn brofiad arbennig. Bydda i'n meddwl tipyn amdani ac yn gobeithio ei bod hi'n parhau i fod mewn lle da.

Wedyn roedd Glenys, oedd yn ei saithdegau hwyr. Fyddai neb yn meiddio cael gair croes efo Glenys. Roedd hi'n Gymraes i'r carn. Un o'r pethau cynta fyddai Glenys

yn ei wneud yn yr ardd wrth gyfarfod cleifion newydd
fyddai cael gwybod rhai o ble roeddan nhw'n wreiddiol,
a phwy oedd eu rhieni, ac wedyn mi fyddai Glenys yn
dechrau eu holi'n dwll am bobol allen nhw eu nabod
yn yr ardal honno gan olrhain eu hachau mor fanwl ag
y gallai. Roedd hyn yn medru cymryd deg munud neu
oriau maith. Ond dyma'r hyn dwi'n ei gofio'n bennaf am
Glenys – mi fyddai'n sôn am The Priory yn Llundain. A
bob tro roedd hi'n deud 'The Priory' mi fyddai ei hacen
yn mynd o fod yn un gyfan gwbwl Gymreig i fod yn acen
frenhinol Seisnigaidd.

'You see,' meddai hi – hyd yn oed wrth gleifion
Cymraeg – 'I've just come from The Priory in South West
London. Have you heard of The Priory? It's where all
the famous people go for rest and some treatment. Oh!
It was marvellous over there; I had my own en-suite and
everything. Former patients, to name only a few, include
Eric Clapton and Michael Barrymore. It's such a luxurious
place!'

Ac mi fyddai Glenys yn mynd ymlaen ac ymlaen am The
Priory, am ba mor hir bynnag fyddai unrhyw un yn fodlon
sefyll yno'n gwrando arni. Roedd hi'n ferch annwyl iawn,
ond fel ci ag asgwrn os oedd rhywbeth yn ei phoeni. Pan
o'n i'n aros yn yr un bae â Glenys am wythnos, mi gafodd
hi ryw chwilen yn ei phen fod 'na glaf yn dwyn y sgwash
pinafal oedd ar ei chwpwrdd gwely. Roedd 'na how-di-dw
anferth am y peth bob bore ac er iddi symud ei sgwash i'r
oergell i'w gadw yno dros nos, roedd hi'n dal i gredu bod

rhywun yn cymryd sipiau ohono ac yna'n ei ddychwelyd. Roedd holl fusnes y sgwash fymryn yn boenus, ac mi barodd yn rhy hir o lawer! Yn y diwedd, dwi'n credu iddi farcio'r botel a'i chadw yn oergell y staff.

Mae 'na un ferch arall ar y ward dwi'n ei chofio'n dda, sef Lynwen. Roedd Lynwen yn credu ei bod hi'n disgwyl efeilliaid o'r enw Iolo ac Eirian. Roedd Lynwen am ran helaethaf y diwrnod yn cael sgyrsiau efo hi ei hun, yn gofyn cwestiynau ac yna'n eu hateb. Bob bore mi ddeuai Lynwen o'i llofft, gan wisgo het flodeuog o'r 1920au ac yn siarad yn fwy na dim am effaith ddinistriol y diafol ar ein bywydau o ddydd i ddydd. Ar ddyddiau da roedd hi'n ffrind annwyl i bawb, yn cynnig gwneud paneidiau a chynnig clust i bawb o'i chyd-gleifion ar y ward. Roedd ganddi wên oedd yn goleuo popeth dwl. Ond ar ddyddiau isel roedd hi'n colli'i phwyll ac yn lluchio cwpanau a phlatiau o gwmpas y gegin. Yr atgof diwetha sydd gen i ohoni yw ei chlywed yn ystod oriau mân y bore yn gweddïo am help Allah i'w hachub. Ar ôl y lluchio llestri, welson ni fyth mohoni wedyn, ac mae'n debyg ei bod wedi mynd i ward gloëdig yr ysbyty.

Er bod y straeon uchod yn swnio'n ddramatig a hyd yn oed yn ddoniol ar brydiau, roedd pob un o'r cleifion yn fregus ac i mewn am eu bod nhw, fel fi, yn wynebu argyfwng ac mewn cyflwr argyfyngus. Roeddan ni i gyd yn yr un cwch. Roedd 'na deimlad o gymuned a theulu yng ngardd Hergest − teimlad na theimlais i 'rioed y tu allan i furiau'r ysbyty. Doedd pawb, yn naturiol, ddim yn fodlon adrodd ei hanes na thrafod ei ddiagnosis, ond roedd gan bawb eu lle yno – hyd yn oed os mai gwrando yn unig roedd rhai. Roedd pawb yn parchu hynny ac yn ofalus i beidio troedio'n frwnt ar straeon ei gilydd. Yng nghanol yr iard yn ystod fy nghyfnod diwetha yno, roedd 'na gennin Pedr hyfryd yn tyfu yng nghanol mwg di-baid holl gleifion Ward Aneurin. Heddiw, wrth i mi feddwl am yr ardd, mi fydda i'n amlach na pheidio yn meddwl am yr unigolion dwi wedi cael y fraint o'u cwrdd yno a sut dwi fel unigolyn wedi tyfu o'u cyfarfod nhw ac o ddeall eu straeon nhw – y straeon, fel y cennin Pedr, oedd yn gwrthod marw.

Mae'n debyg ei bod hi'n deg deud fy mod i'n teimlo ychydig fel daffodils yr ardd ym mwg mawr yr ysmygwyr – yn gwrthod marw ac yn mynnu byw, er gwaethaf yr anawsterau.

BRENHINES Y TYLLUANOD

Roedd 'na un ferch yn yr ysbyty na wyddwn i ddim amdani am beth amser – merch fyddai'n dod yn ffrind gorau i mi yn y man. Roedd hi'n cerdded y coridorau, gan syllu'n wag ar y waliau a'r cleifion. Ei henw? Chev, fel y dois i i'w hadnabod.

Daeth Chev i mewn i'r ysbyty efo diagnosis o *treatment-resistant schizophrenia* a'i hachos mor gymhleth fel ei bod wedi bod ym myd gofal ers chwe blynedd. Roedd hi'n credu bod estroniaid wedi disodli'r llywodraeth a'u bod yn dwyn pobol, gan adael robotiaid yn eu lle, gan gynnwys ei phlant. Roedd hi'n cerdded o un drws yn yr Uned i'r llall yn deud dim, yn edrych am ei siawns i ddianc. Wrth gwrs, mae drysau'r Uned wedi'u cloi, felly dyw dianc ddim yn hawdd. Roedd Chev, er gwaethaf ei thawelwch, yn ferch feddylgar a chlyfar. Mi lwyddodd i ddianc wyth gwaith mewn chwech wythnos. Pam? Er mwyn cael hyd i'w phlant a rhybuddio'r cyhoedd am berygl yr estroniaid. Wrth gwrs, roedd ei phlant yn ddiogel, ond nid dyna ei chred hi ar y pryd. Ar noson dawel, ddiorffwys, daeth Chev i'm stafell ac egluro bod y llywodraeth yn gwenwyno ei bwyd. Roedd hi'n osgoi bwyta dim os nad oedd y bwyd wedi ei selio mewn plastig. Roedd ganddi ffrindiau da oedd yn dod â bwyd arbennig i mewn iddi.

Ond nid y bwyd yn unig oedd yn ei chadw yn Hergest. Roedd hi hefyd yn credu bod plu yn tyfu drwy groen ei llaw a'i braich – plu oedd wedi llwyddo i'w throi'n dylluan. Brenhines y tylluanod, yn byw yn y golau. Roedd hi'n trio'n boenus ddiwyd i gael gwared o'r plu drwy bigo'i chroen efo'i hewinedd neu eu llosgi i ffwrdd efo fflam leitar, ond roedd hi'n dal i'w gweld nhw tyfu'n dragywydd drwy'i chroen. Roedd ei chnawd yn amrwd dyllog a hithau'n credu ei bod yn byw fel tylluan ac yn ceisio arbed ei phlant. Fe ddeudodd Chev wrtha i mai'r unig un yn yr ysbyty roedd hi'n medru ymddiried ynddi oedd fi. Ar ôl siarad tan oriau mân rhyw fore am fywyd a'n tranc, fe ddaeth y ddwy ohonan ni'n agos, yn ffrindiau arbennig, a'n llwybrau cymhleth yn aml groesi.

Mewn ysbyty, anaml mae pethau fel maen nhw'n ymddangos ar yr wyneb. Yr un fath yn yr achos yma. Un peth ddaeth â'r ddwy ohonan ni'n nes at ein gilydd oedd hetiau a chapiau. Roedd gen i tua phymtheg het yn yr ysbyty ac roedd gan Chev un – ond un oedd yn chwarae rôl bwysig yn ei bywyd ar y ward. Cap pig du oedd ei chap hi. Roedd hi wedi gwisgo'r cap am ei phen am dros ddegawd a hynny i gadw meddyliau pobol eraill allan. Heb y cap byddai'n gadael ei hun yn agored i feddyliau drwg gan bobol eraill. Roedd hi hyd yn oed yn cysgu a'r cap ar ei phen!

Ar ôl wythnosau o gerdded fel ysbryd i fyny ac i lawr coridorau Hergest ddydd a nos yn deud dim – dim ond syllu i'r twllwch mawr – fe soniodd iddi weld dechrau newydd, byd newydd lle nad oedd lleisiau di-gorff yn rheoli ei meddwl, byd lle roedd harddwch heb ofn. Dyna pryd y dechreuais i a Chev, brenhines y tylluanod, rannu ein teithiau meddwl. Do'n i'n deall dim am dylluanod a hithau'n deall dim am bryfaid coch yn gwenwyno'r corff! Ond roedd 'na ddyfnder rhyngon ni na theimlais â'r un claf arall. Dyfnder a alluogodd y ddwy ohonan ni i ymrwymo i berthynas glòs.

Ar ôl wythnosau lawer yno mi fyddai Chev yn dod i'm stafell gyda'r nos a'r ddwy ohonan ni'n eistedd yno'n gwrando ar jazz ganol nos, ac yn trafod sut yr hoffen ni fynd i Baris i wrando ar feistri'r cyfrwng yn perfformio. Weithiau mi fydden ni'n eistedd yno am oriau yn deud fawr ddim, dim ond yn dychwelyd allan i gael fêp yn lle smôc.

Un o'r momentau mwyaf emosiynol i mi gyda Chev oedd disgwyl clywed ar fore ei thribiwnal a fyddai hi'n cael ei thynnu oddi ar Section 3 y ddeddf iechyd meddwl, lle mae unigolyn yn cael ei orfodi i fynd i mewn am driniaeth iechyd meddwl. Ar ôl tri mis hir ar y Section, cafodd ei rhyddhau oddi arno yn dilyn tribiwnal o dros awr. Roedd y diwrnod hwnnw yn ddiwrnod o ddathlu i ni'n dwy.

'Y TRAETH HEULOG'

'Fasa eistedd i lawr a theimlo dy fod di ar draeth heulog yn helpu? Traeth heulog efo'r tonnau'n rowlio dros dy draed di a'r haul yn gynnes braf ar dy groen di, yn yfad Piña Colada bach digwyilydd efo un o'r ymbaréls 'na'n sticio allan ohono?'

Mae'n amhosib i mi gadw cyfrif o'r sawl sydd wedi cynnig amrywiadau ar y darlun uchod pan dwi mewn lle gwael; awgrymiadau, dwi'n prysuro i ychwanegu, sydd wastad yn dod o lefydd da. Mae sawl un yn cyfeirio at lefydd tebyg fel 'Llefydd Hapus'. Mae'r ddelwedd yma o'r traeth heulog yn un sydd wedi cydio yn nychymyg sawl un. Y syniad mawr gyda chael 'lle hapus' ydy bod unigolion yn medru dychmygu eu bod yno pan mae meddyliau tywyll neu bryderon yn eu gorchfygu. Syniad campus yn wir, os oes gan unigolyn y gallu i ddychmygu'r ffasiwn beth pan maen nhw mewn lle anodd. Dwi wedi bod eisiau cyfaddef, ers yn hirach nag y medra i gofio, bod hufen coconyt (y Piña Colada y soniais amdano uchod) yn rhoi dŵr poeth ofnadwy i mi ac na faswn i fyth yn eistedd ar unrhyw draeth heb blimsols, rhag ofn i jeliffish (neu gont y môr i'r plismyn iaith yn eich plith) frathu fy nhroed i. Dwi hefyd wedi bod eisiau cyfaddef fy mod i'n mynd yn siêd o binc Polly Pocket mewn haul sy'n bygwth mynd yn boethach na chynnes! Dyna ryddhad mawr 'mod i wedi medru cyhoeddi hyn i'r byd! Byddai cael lle hapus ar draeth efo Piña Colada felly yn syniad twp o'm rhan i!

Hen syniad sydd wedi cymryd tipyn go lew i mi fedru ei ddefnyddio ydy syniad y Lle Hapus a deud y gwir. Tydw i 'rioed wedi bod yn or-hoff o'r syniad. Plis peidiwch â meddwl am eiliad 'mod i'n hen frych annymunol am feddwl y ffasiwn beth. Beth ydy hapusrwydd? Oes ganddon ni hawl i hapusrwydd? 'Ewch i'ch lle hapus pan dach chi'n anhapus!' meddai'r arbenigwyr. Wrth gwrs, tydy o byth mor hawdd â hynny! Mi fedra i uniaethu llawer mwy â'r syniad o le dedwydd na lle hapus. Mae *hapusrwydd* i mi yn broblematig.

Dwi'n cofio fy chwaer yn mynd at weithiwr ym McDonald's flynyddoedd maith yn ôl a gofyn yn garedig plis gâi hi'r Happy Meal am ei bod hi'n teimlo'n anhapus. Roedd wyneb y ferch yn bictiwr! Pethau fel'na roeddan ni'n ei wneud am hwyl ac er 'mod i heb ei holi wedyn, dwi'm yn credu i'r Happy Meal hwnnw ei gwneud hi ddim hapusach yn narlun mawr pethau. Hen air arwynebol ydy o ar y gorau! I rai, falle bod delwedd y traeth yn gweithio, ond mae'n rhaid i'm lle dychmygol hapus i ddelio efo bygythiad ac ofn – pethau dwi'n eu teimlo'n gryf pan fydda i mewn lle gwael neu'n ystyried terfynu fy mywyd. Mi ddaeth hi'n amlwg iawn mai lle diogel fyddai fy lle dychmygol i, lle medrwn i deimlo'n ddedwydd yn hytrach nag yn hapus. Lle fyddai'n cynnig cysur i mi a gofod i fochel rhag argyfyngau emosiynol dwys. Toes 'na'r un traeth yn heulog drwy'r flwyddyn beth bynnag!

Wna i ddim deud gormod am fy lle diogel i, rhag difetha grym y peth. Dim ond deud mai byncyr tanddaearol gwyn ydy o sydd â chadair siglo fawr yng nghornel un o'r stafelloedd, gyda blanced wlân esmwyth las gola wedi'i gosod arni o flaen tanllwyth mawr o dân. Mae gan Wini Lwyd stafell iddi hi ei hun yno sy'n llawn clustogau plu gŵydd a theganau. Mae fy mhartner i'n byw yno efo fi hefyd, y ddwy ohonan ni'n gofalu am ein gilydd. Mae gan y byncyr lygaid gwydr yn ei nenfwd – llygaid sy'n medru treiddio drwy'r gwair i'm galluogi i weld powlen o nen lawn sêr ar nosweithiau clir. Does 'na ddim Piña Coladas ac ymbaréls yno, dim contiaid y môr na haul crasboeth. Ond mae stafell biano yno gyda hen chwaraewr recordiau a chwpwrdd o'r 1950au sy'n llawn recordiadau o waith Rachmaninov. Mae'r stafell biano hefyd yn llyfrgell sy'n cartrefu cannoedd o lyfrau am waith cyfansoddwyr Rwsiaidd y cyfnod Rhamantaidd diweddar drwodd i'r ugeinfed ganrif, gan ganolbwyntio'n bennaf ar fywyd a gwaith Sergei Rachmaninov ac Igor Stravinsky. Synnwch chi fawr, siŵr gen i, fod yna bwll nofio cynnes yn y byncyr moethus hwn hefyd, ynghyd â gwlâu meddal i ymlacio wrth y pwll. Mae'n rhywle lle medra i fethu yn emosiynol â thorri, heb i weddill y byd weld unrhyw beth ond gwair gwyrdd y ddaear oddi tanynt.

Y GWESTAI DIWAHODDIAD

Mae 'na rywbeth yn fy arswydo o hyd. Mae yno pan dwi'n sâl ac mae yno pan dwi'n well. Mae yno'n dragywydd. Y gwestai diwahoddiad. A bron na faswn i'n deud ei fod o'n waeth gwenwyn nag iselder. Beth ydy hwn, medda chi? Mewn un gair, siniciaeth – sgilgynnyrch fy ngwaeledd. Mae'n llenwi pob rhan ohona i wedi mynd. Does 'na ddim dianc rhag y peth. Siniciaeth am fywyd a siniciaeth am beth mae eraill yn ei feddwl ohona i. Dwi ddim yn credu y ca i fyth fyw hebddo bellach. Alla i ddim newid yr olwg yn llygaid ambell un sydd wedi newid tuag ata i ers i mi fod yn yr ysbyty, nac anwybyddu'r ansicrwydd a'r amheuaeth yn eu lleisiau pan dwi'n sgwrsio efo nhw. Mae'n boenus o amlwg 'mod i'n berson gwahanol yn eu golwg nhw yn dilyn fy nghyfnodau yn yr ysbyty. Fedra i eu beio nhw? Yn amlach na pheidio, yn gam neu'n gymwys, 'na' yw'r ateb dwi'n ei ganfod i'r cwestiwn hwnnw.

Dwi'n 32 oed, wedi treulio pedwar cyfnod mewn uned seiciatryddol ac wedi bod ar ochr pont fwy o weithiau nag y carwn i gofio. Pwy fyddai'n rhoi ffydd mewn rhywun felly? Mae byw efo'r siniciaeth yma'n wewyr. Sut all planhigyn neu flodyn dyfu mewn pridd gwael? Mae wedi ei dynghedu i fethu cyn dechrau. Afraid deud mai'r pridd gwael ydy fy siniciaeth. Nid maeth meddyliol mohono, ond gwenwyn, sy'n gwneud mwy nag atal tyfiant – mae'n parlysu person. Mae'n gyrru ias i lawr fy nghefn i feddwl mai'r hyn wnaiff fy ngwthio i'm diwedd, pan ddaw fy awr, fydd y siniciaeth hwn. Mae moddion yn medru lliniaru sgileffeithiau iselder, ond wn i ddim am yr un bilsen a all ladd siniciaeth na'r amheuaeth besimistaidd barhaus a ddaw yn ei sgil.

CACEN FORON A MARWOLAETH

Mewn caffi ro'n i pan glywais i ddwy ddynes, Beti a Doreen (sy'n reit adnabyddus o amgylch Dre), yn sôn am farwolaeth 'ffrind i ffrind'. 64 mlwydd oed oedd hi, debyg. Fe'm cefais fy hun yn eistedd yno'n gwrando ar sgwrs y ddwy ac yn prysur golli amynedd efo dynes arall yng nghanol y siop goffi oedd yn ceisio cynnal sgwrs ar ei ffôn symudol a hwnnw ar yr uchelseinydd i bawb gael clywed. Roedd ganddi ei bys mewn un glust tra oedd hi'n chwifio'r llaw arall i fyny ac i lawr ac yn gweiddi i mewn i'r ffôn. Dim clem sut roedd pawb arall yn y siop yn llwyddo i glywed y sgwrs a hithau'n dal i fethu! Beth bynnag am hynny, rhwng sgwrs ffôn uchel y ddynes yng nghanol y caffi, ro'n i'n clywed pytiau o sgwrs Beti a Doreen oedd yn eistedd gyferbyn:

'Mi ddigwyddodd yn sydyn, w'chi,' meddai Beti wrth Doreen. 'Tair wythnos, dyna'r cwbwl gafodd hi. Tair wythnos.'

Roedd rhywbeth yn taro fy nghlust yn chwithig am y ffordd roedd Beti'n deud yr hanes. Roedd hi'n rhy awyddus rywsut i blymio i fanylion anffawd ei 'ffrind i ffrind'. Roedd hi'n swnio'n egnïol, ond eto gyda gwynt yn ei llais fel petai'n rhannu rhyw gyfrinach fawr a hithau mewn lle cwbwl gyhoeddus. Roedd Beti a Doreen yno'n ddi-ffael, bob dydd Iau, yn hel clecs ac yn rhannu safbwyntiau a straeon am bobol oedd wedi marw'r wythnos honno.

Roedd y cyfan yn teimlo fel tipyn o syrcas a deud y gwir – heb y *trapeze* a'r trampolîns wrth reswm! Dwi'm yn credu y byddai calon Beti na Doreen yn medru ymdopi â'r rheiny!

'Mi gafodd fywyd da hefyd, do?' meddai Doreen gan ychwanegu, 'Bingo bob nos Fawrth ac wedyn allan i neud ei gwallt ar gyfer y penwythnos.'

Wyddwn i ddim pwy oedd 'ffrind i ffrind' Beti a Doreen, ond ro'n i'n teimlo'n drist drosti, gan 'mod i'n siŵr bod ganddi fwy i'w bywyd na Bingo ar ddydd Mawrth a gwallt ar ddydd Gwener. Ond dyna lle roedd Beti a Doreen yn eu helfen, yn obsesiynu ac yn cystadlu, y naill yn erbyn y llall bron, i geisio creu'r argraff eu bod nhw'n gwybod mwy am amgylchiadau marwolaeth y ddynes druan.

'Rhwng hynny a'r hogan fach druan 'na gerddodd i'r môr yn ddiweddar – i gyd o achos problemau PMS ofnadwy, debyg,' meddai Beti.

Ro'n i'n cwestiynu'n aml faint yn union o wirionedd oedd yn yr hyn roeddan nhw'n ei ddeud am amgylchiadau marwolaeth y rhai roeddan nhw'n eu trafod. Roedd gen i deimlad cryf bod y llinell rhwng ffaith a ffuglen yn denau, ac mai am y cyntaf i wybod yr oedd hi'n aml.

Does dim angen math o gylchgrawn fel *Chat* na *Marie Claire* ar y ddwy. Mae'r cyfarfod yn y caffi yn digwydd yn wythnosol, a'r ddwy, fel defod, yn trafod marwolaethau, blodau a chynhebryngau dros gacen foron a choffi. Mi ddechreuais i feddwl ar un cyfnod, hyd yn oed, bod bwyta moron yn cymell pobol i gael obsesiwn â marwolaeth!

Mi ddois i i ddeall yn ddiweddarach bod y ddwy hefyd yn eistedd yn y doc cyhoeddus yn y llys lleol yn aml, ac yn gwneud *outing* bach o'r profiad drwy baratoi pecyn bwyd ar gyfer yr adeg pan fyddai'r llys yn torri am egwyl. Ond doedd anturiaethau'r ddwy ddim yn darfod yn fan'no chwaith. Roeddan nhw'n cael eu gwŷr i fynd â nhw i'r fynwent bob pythefnos. Mi fyddai'r ddwy yn dyfrio beddi eu hanwyliaid, yn mynd i gael sbec ar unrhyw blotiau newydd ac yn clebran am y teuluoedd hynny oedd naill ai wedi esgeuluso cerrig beddau eu hanwyliaid neu wedi anghofio gosod blodau arnyn nhw. Dwi bron yn siŵr mai Beti a Doreen sy'n berchen ar RSS Feed marwolaethau Caernarfon a'r cyffiniau!

Dyma pryd y dechreuais i feddwl, tybed sut y byddai pobol yn sôn am fy marwolaeth i? Byddai ambell un yn cyfeirio ata i fel 'y ferch oedd eisiau marw'. Fedra i glywed y sgwrs yn fy nghlustiau wrth i mi sgwennu hwn. 'Braf, mae'n siŵr, oedd iddi gael mynd o'r diwedd a hithau wedi trio diweddu ei bywyd gymaint o weithiau.' Byddai clywed y fath beth, yn fy achos i, yn loes calon. Mae'n wir, wrth gwrs, fy mod i wedi ceisio terfynu fy mywyd sawl gwaith, ond mae fy mherthynas i â marwolaeth yn gymhlethach o lawer na hynny. Y cyfnodau dwys a duon achlysurol hynny sy'n fy ngwthio i wynebu'r eithafion, pan nad oes gen i'r hyn mae'n ei gymryd i barhau. Dyw cyrraedd yr iselfannau o fod eisiau terfynu fy mywyd fy hun byth yn ddewis. Ond petai marwolaeth yn cael ei gorfodi arna i a minnau ar gyfnod oren, dwi'n siŵr y byddwn i'n erfyn am gael goroesi a chael byw bywyd hir a llawn. Fel oen bach i'r lladdfa – petai ganddo lais byddai'n erfyn am ei fywyd. Finna yr un fath. Ar fy ngorau, mae gen i dunelli o egni a dwi'n cael pleser gwirioneddol o flogio, trafod sefyllfa merched yng Nghymru a thu hwnt, amddiffyn hawliau unigolion yn y gymuned LHDTQ a chanu'r piano. Dwi'n caru fy nghi defaid Wini Lwyd yn fwy na bywyd ei hun bron, ac yn hoffi gwylio rhaglenni dogfen heriol sy'n bwrw goleuni ar gyflwr y byd. Pan fydda i mewn lle da, mi fedra i drafod pethau bach a phethau mawr gyda ffrindiau – hyd syrffed iddyn nhw – sy'n rhy glên i gyfaddef, dwi'n siŵr! Nid proffil o 'ferch sydd eisiau marw' sydd yma ond o 'ferch sy'n cwffio i fyw'.

Ar nodyn ychydig ysgafnach, yn dilyn hynt a helyntion Beti a Doreen, dwi wedi addo dau beth i mi fy hun:

1)   Mi fydda i'n gwybod 'mod i a) yn hen; b) wedi bwyta gormod o foron; neu c) wedi troi cornel feddyliol anffodus os mai uchafbwynt fy wythnos fydd hel clecs mewn caffis am farwolaethau, blodau a chynhebryngau.

2)   Fydd dim cacen foron yn fy angladd i.

GRŴP LLES

Ers gadael yr ysbyty y tro diwetha, mi fydda i'n mynychu grŵp lles, sy'n llawn unigolion sy'n dioddef cyflyrau meddwl tebyg. Mae'n gyfle wythnosol i gael paned a sgwrs ac... i chwarae Bingo!

Fedra i ddim deud celwydd, dwi fawr o ffan o Bingo. Roeddan nhw'n chwarae Bingo yn Hergest o bryd i'w gilydd a ffrindiau'n fy mherswadio i ymuno. Mi fyddwn i'n esgus chwarae a throi llygad ddall ar 'dŷ llawn' nes i un o'm ffrindiau sylweddoli a'm gorfodi i fynd i flaen y ffreutur i nôl fy ngwobr. Alla i ddim egluro'r peth yn iawn, ond mae gemau tebyg yn codi cywilydd arna i. Beth bynnag am hynny, mae 'na griw da yn y grŵp lles wythnosol – a rhai cymeriadau mawr.

Mae Daniel, sy'n hapus iawn ei fyd, yn treulio'r rhan fwyaf o'i amser yn sgwrsio, ac mae gwrando arno fel gwrando ar sgwrs ffôn – tydw i mond yn clywed hanner sgwrs. Mae'n chwerthin yn aml. Dwi'n credu ei fod o'n clywed lleisiau, ac ateb y lleisiau hynny mae o. Mae'n amlwg yn hapus, ond fydd o bron byth yn ymwneud ag eraill os nad ydy o'n darllen sêr pobol iddyn nhw.

Mae 'na gymeriad arall o'r enw Treflyn sy'n dod â thuniau o *chilli con carne* fel gwobrau i'r Bingo bob wythnos. Mae'n mwynhau chwarae er nad yw'n deall yn iawn sut i groesi'r rhifau, felly mae ganddo ffrind yn gwneud hynny drosto.

Wedyn mae Polly – ei hoff bwnc yn y cyfarfod wythnosol yw'r parti nesa. Mi fydd hi'n rhannu ei hoffter o ddiodydd alcoholig gwahanol ac yn deud wrth bawb beth fydd ei thipl diwedd wythnos. Mae'n gymeriad mawr, yn ddigon parod i ddeud beth bynnag sydd ar ei meddwl.

Er gwaethaf y cymeriadau lliwgar, mae 'na wastad gystadleuaeth frwd am y *chilli con carne* a dyw ychydig o nam ar ei chlyw ddim am rwystro Siân sydd yn eistedd yno wrth ymyl Delyth, sy'n ailweiddi'r rhifau Bingo yn ei chlust ar ôl y cyhoeddiad.

Mi fyddai'n rhy hawdd o lawer deud nad oes gen i ddim yn gyffredin â'r criw – ond y gwir ydy, maen nhw'n griw hyfryd o bobol sydd, fel fi, yn ailadeiladu eu bywydau ar ôl cyfnodau hir o salwch. Dyma awr fach mewn wythnos lle medran ni yfed paned, chwerthin ac anghofio am bopeth.

WINI LWYD

Un o'r ychydig bethau sy'n fy nghadw i mewn lle da yn feddyliol o ddydd i ddydd ydy fy nghi trilliw, Wini Lwyd. Mae unrhyw un sy'n fy adnabod yn dda yn gwybod mai Wini, i bob pwrpas, ydy fy 'hanner arall' mewn bywyd. Fel mae ei henw yn lled-awgrymu, blewyn llwyd sydd ganddi yn bennaf, yn gymysg â lliwiau brown golau a du. Fe gefais i Wini ar ôl gadael yr ysbyty ac mae'n deg deud nad yw fy mywyd wedi bod yr un fath ers ei chroesawu i'm cartref a'm bywyd.

Roedd ei chael, i ddechrau, yn fedydd tân. Mi fwytodd bopeth – o'm clustogau moethus plu gŵydd i'm hesgidiau. Unwaith, mi fwytodd bapur ugain punt oedd yn disgwyl y dyn tecawê. Pan oedd yn gi bach, yn hytrach nag yfed dŵr o'i phowlen ddŵr, roedd hi'n sticio'i thrwyn ynddo ac yn chwythu bybls! Roedd bywydau'r ddwy ohonan ni ben i waered i ddechrau, cyn ein bod ni wedi dod i ddeall ein gilydd.

Mae byw fy mywyd efo Wini yn fraint. Does 'na ddim un diwrnod yr un fath â'i gilydd. Ac i feddwl nad ydan ni 'rioed wedi torri gair yn nhermau iaith meidrolion, mi ydan ni wedi dod i ddeall ein gilydd yn arbennig o dda. Un ddawn mae hi wedi'i dysgu ar ei liwt ei hun yw cario'r post o gyntedd allanol y tŷ, i fyny'r grisiau mawr i'm llofft yn y bore. Weithiau mae'n cynhyrfu gymaint nes bod hoel dannedd wedi torri drwy'r amlen neu'r bocs, ac mae darllen y post yn fwy o her ar y dyddiau hynny! Heb drio, mae Wini wedi sicrhau 'mod i'n dechrau fy niwrnod gyda gwên, sy'n beth prin pan dwi mewn lle gwael.

Mae Wini yn deall y newidiadau symlaf yn fy hwyliau ac yn ymateb i'r rheiny. Mae ganddi ei chadair ei hun yn fy stafell fyw wedi'i gorchuddio â blanced oren ac mae'n treulio oriau'n cysgu ar y gadair fawreddog honno, neu'n sefyll arni yn syllu ar y traffig a'r bobol sy'n pasio ar y ffordd fawr sy'n rhedeg yn gyfochrog â'r tŷ. Ond pan dwi'n isel fy ysbryd, mi ddaw hi i eistedd ar waelod fy soffa – soffa gefn isel o'r 1950au. Mae hi hyd yn oed wedi perffeithio'r grefft o gerdded ar hyd cefn y soffa (un bawen ofalus y tu ôl i'r llall) heb ddisgyn i ffwrdd! Bob bore, mi fydd hi'n llyfu fy ngwyneb yn racs – bron fel petai heb fy ngweld i ers pum mlynedd! Un bore, mi sylwodd ar ei hadlewyrchiad yn y drych. Wel, roedd 'na gyfarth mawr am dros chwarter awr! Dwi'n credu iddi fod yn argyhoeddedig mai hi enillodd y frwydr erbyn y diwedd.

Wna i ddim deud mai cael ci yw'r ateb i bawb sy'n dioddef ag anhwylderau iechyd meddwl, ond mae ei chael hi yn fy achos i wedi cyfoethogi fy mywyd gymaint. Mae 'na waith caled efo cŵn i ddechrau ond yn amlach na pheidio mae rhywun yn cael yr hyn maen nhw'n ei roi a mwy gan gi, ar ôl y blynyddoedd cyntaf heriol hynny.

Ar benwythnosau yn aml, mi fyddwn ni'n mynd i'r

traeth. Mae hi wrth ei bodd yng nghwmni Amigo, ci fy chwaer Medi, ac fe all y ddau chwarae pêl am oriau yno yn sblasio i mewn ac allan o donnau'r môr yn Ninas Dinlla. Mi fydda i wastad yn stopio mewn siop ar y ffordd adre i brynu ham iddi, ar ôl yr holl redeg, rhag iddi deimlo'n llwglyd. Mae ei gweld hi mor hapus yn rhoi'r fath lawenydd i mi. Mae'n gwlwm sydd y tu hwnt i eiriau. Mae ei llygaid yn aml yn adrodd yr hyn sydd angen ei adrodd ganddi. Mi fydd y ddwy ohonan ni'n cerdded ar hyd y lôn feicio weithiau, a Wini'n stopio i arogli'r blodau ac yn ddiarwybod iddi hi, yn fy sbarduno i i gael pleser mewn gwneud yr un peth. Mae'r llinell feddwl rhyngtha i a Wini yn un mor unigryw – mae'n fy ymlacio ac yn rhoi teimlad o gysur i mi na cha i mohono fel arall. Mi fydda i'n siarad efo Wini fel petawn i'n siarad efo person (mewn llais ychydig uwch, falle) ac mi fydd ei phen bach hi'n symud o un ochr i'r llall, yn union fel tasa hi'n gwrando ar bob gair ac yn ei gymryd i mewn. Dydy o ddim yn beth anghyffredin iddi ymateb weithiau drwy wneud synau chwrnu bach – nid chwrnu bygythiol, ond chwrnu ateb.

Mae rhai pobol yn meddwl 'mod i'n wallgo bost efo hi, mi wn i hynny. Fe driais i egluro sut fath o *chicken thigh* ffres roedd hi'n ei hoffi wrth ddynes ar y cownter cig mewn siop leol unwaith. Doedd hi ddim yn credu 'mod i'n prynu cig wedi'i goginio'n ffres ac yn ei roi i fy nghi! Ches i ddim cyfle i egluro bod ganddi hosan Nadolig a'i henw arni, na 'mod i'n lapio ei hanrhegion iddi bob Dolig. Mae ganddi galendr adfent hefyd, ond mae hynny'n stori arall.

Mae pob diwrnod efo Wini yn teimlo fel antur ac mae ei theyrngarwch yn anodd i'w roi mewn geiriau.

Mae'r ddwy ohonan ni'n byw pob dydd efo'n gilydd. Hyd yn oed ar fy ngwaethaf, alla i ddim meddwl am beidio mynd â Wini am dro. Yn ei ffordd ei hun, mae'n fy nghael i allan o'r tŷ pan na fyddwn i'n mentro allan hebddi hi yn fy mywyd.

ANGYLION GWARCHEIDIOL

Mae sawl gofalwr iechyd, ymwelydd a nyrs wedi creu argraff arna i yn ystod fy nyddiau yn Uned Seiciatryddol Hergest.

Un ymweliad (wel, sawl ymweliad) dwi'n ei gofio'n dda ydy ymweliad gan Cefin Roberts ac ew, ro'n i'n falch o'i weld o. Mi es i a'n chwiorydd i Ysgol Glanaethwy am rai blynyddoedd ac mi ges i fy nghyflwyno i'w hud bryd hynny. Doedd y lle ddim i'w weld wedi cael unrhyw effaith arno, roedd o'n siarad efo fi fel y byddai ffrind ar y stryd. Ro'n i'n wael iawn bryd hynny a fedra i'm deud 'mod i'n cofio'r sgwrs yn hollol, ond dwi'n cofio teimlo'n saff. Dwi hefyd yn cofio chwerthin. Mae o'n un o'r bobol hynny sy'n meddwl yr hyn mae o'n ei ddeud pan mae o'n sôn am fod yno i mi. Roedd gan Mam feddwl mawr ohono a dwi'n falch eithriadol o gael ei alw'n ffrind. Mae'n un o'r bobol hynny dwi'n credu y medrwn i alw arno i drafod unrhyw beth. Dyw ffrindiau felly ddim yn tyfu ar goed; fe allwn i wrando arno'n trafod drwy'r dydd. Mae ei ddoethineb a'i awch am fywyd yn rhywbeth sy'n dal i'm hysbrydoli, hyd yn oed ar ôl gadael yr ysgol berfformio.

Ymwelydd arall roddodd wên enfawr ar fy ngwyneb oedd y ffrind a'r gantores Lleuwen Steffan. Do'n i ddim yn disgwyl ymweliad ganddi, felly roedd o'n syrpréis braf.

Mi gerddodd hi i mewn i'r stafell a gofyn faswn i'n licio iddi ganu i mi, a dyna wnaeth hi. Mi eisteddais i yno wedi 'nghyfareddu gan ei thalent a'r weithred garedig. Mae 'na adegau pan mae geiriau yn annigonol ac mi oedd hynny'n wir am ymweliad Lleuwen. Roedd y canu'n deud cymaint mwy na hyd yn oed y tawelwch. Fe lwyddodd hi i gyffwrdd nerf yndda i oedd wedi ei hen guddio dan boen salwch a hynny drwy garedigrwydd a chân.

Ymwelydd arall helpodd yn arw oedd Hywel Gwynfryn. Roedd cael medru siarad am y tywyllwch ro'n i'n ei brofi a chlywed ychydig o'i hanes teuluol o yn falm i'r enaid ar y pryd. Rhywun oedd yn deall heb i mi orfod rhannu gair. Ro'n i'n sicr yn teimlo'n llai unig ar ôl ei ymweliad o. Fe allodd rannu pethau mawr a hynny o brofiad personol poenus – pethau sy'n bownd o aros gyda mi hyd y bydda i byw.

Mi gwrddais i hefyd â gweithiwr gofal arbennig o'r enw Angie yn Ward Aneurin. Roedd gan Angie afiaith at fywyd ac er gwaethaf yr awyrgylch *sombre* yn y ward, roedd hi'n medru codi calon pawb. Mi fyddai Angie yn cerdded i mewn i'r ward yn sgleinio, ac yn smart o'i chorun i'w sawdl. Fel gweithwyr gofal eraill, roedd hi'n deall pwysigrwydd gwaith papur, ond roedd 'na rywbeth amdani oedd yn mynnu mwy na hynny gan bobol. Roedd Angie yn deall, pan fyddai llawer un arall ddim, mai proses oedd gwellhad ac na fyddai modd clicio bysedd a gadael. Yn fwy na hynny, mi fyddai Angie yn canolbwyntio ar fy nodweddion cadarnhaol a bron fel saer gwerth ei halen, yn eu defnyddio i greu Malan oedd yn hapusach ac yn gryfach ei byd. Mae'r nosweithiau wastad yn hir mewn uned seiciatryddol, ond pan oedd Angie ar ddyletswydd mi fyddai'r nosweithiau'n llawer haws eu goddef ac yn llai terfynol. Dwi'n gwbwl sicr fy nghred nad oes 'na lawer o bobol fel Angie yn y byd. Nid siec fisol ydy'r swydd i Angie, mae'n llawer mwy na hynny, a fedra i 'mond diolch o waelod calon iddi am ei charedigrwydd, ei hamynedd a'i hamser yn ystod fy arhosiadau.

Mae fy ngweithiwr gofal, June Jones, yn gweithio fel nyrs seiciatryddol yn y gymuned. Mi fedra i ddeud yn ddiflewyn ar dafod ei bod wedi rhoi cyfle arall ar ôl i mi adael yr ysbyty tro diwetha. Cyfle i fyw fy mywyd na feddyliais i y byddwn i'n ei brofi byth eto. Dwi wedi bod yn crafu 'mhen wrth feddwl sut mae hi wedi llwyddo i wneud hyn, a mwy na dychmygu ei bod hi'n angel gwarcheidiol sydd wedi disgyn o'r nefoedd, does gen i fawr o glem. Er hynny, mi wna i sôn am rai o'r ffyrdd posib.

Wrth adael yr ysbyty y tro diwetha y dechreuodd llawer o'r gwaith caled yn fy mywyd i. Er fy mod i'n ddigon da i adael yr Uned, ro'n i'n dal i deimlo'n ansicr am fywyd. Yn ansicr am yr hyn oedd gen i i'w gynnig i gymdeithas ac i fyd gwaith, ac yn ansicr a fyddwn i'n medru byw bywyd 'normal' eto y tu hwnt i furiau'r Uned, heb ofal proffesiynol. Wedi deud hynny, dwi wedi dychwelyd i'r Uned bedair gwaith. Ond o'r eiliad gyntaf i mi ddechrau efo June ro'n i'n teimlo'n wahanol.

Ro'n i'n eitha nerfus wrth i mi ddechrau gweithio

gyda June ar ailadeiladu blociau fy mywyd. Do'n i ddim eisiau yr un sylfaen ag oedd gen i cyn i mi fynd yn sâl – ond ro'n i eisiau adeiladu bywyd newydd. Dwi wedi bod mewn therapi am y rhan fwyaf o'r pum mlynedd diwetha ac mae'n sicr wedi fy helpu o safbwynt ymarferol a sgiliau. Ond mae gweithio gyda June ar ôl gadael yr ysbyty wedi bod yn wahanol. Mae hi'n ofalgar, yn fedrus iawn yn ei gwaith, yn agos-atoch ac yn llawn dynoliaeth. Dyw June ddim yn cymryd dim yn ganiataol, mae ganddi lygaid a chlustiau craff, ond mae ganddi wastad y gallu i ymateb yn adeiladol a sensitif.

Does dim llyfr na chanllaw y gwn i amdano sy'n dysgu dynoliaeth i weithiwr iechyd meddwl proffesiynol. Mae'n rhywbeth cynhenid. Ond mae'n haws o lawer *siarad* am fod yn ddynol ym maes iechyd meddwl na llwyddo i daro'r nod fel therapydd, nyrs neu ddoctor yn y maes.

Fel defnyddiwr gwasanaeth, dwi wedi teimlo yn y gorffennol fod rhwystrau yn fy nghyswllt â rhai therapyddion. Rydan ni'n cyrraedd lle da a chynhyrchiol cyn taro wal fawr. Wal nad oes modd ei dymchwel. Wrth gwrs, mae yna linell o hyd, llinell broffesiynol sy'n gwahanu cleifion a gweithwyr proffesiynol ym maes iechyd meddwl. Ond mae gweithio efo June yn teimlo'n wahanol. Rydan ni'n mynd i'r afael â phroblemau mawr, yn gweithio ar strategaethau ac yn dod o hyd i atebion, a hynny er mwyn delio efo sefyllfaoedd fyddai fel arall yn argyfyngau iechyd meddwl dwys. Ond rydan ni hefyd yn chwerthin am bethau dwys a doniol gan rannu profiadau. Dwi'n teimlo y gallaf fod yn gwbwl onest gyda hi a gwn y bydd ei hymateb hi hefyd yn onest ac yn adeiladol.

Yr hyn y mae hi'n medru'i wneud mor fedrus yw cysylltu ar lefel ddynol, a dwi'n argyhoeddedig y gall cysylltiad fel hynny dorri'r wal y soniais amdani'n gynharach. Dwi'n credu bod gan ddynoliaeth le creiddiol yng ngofal iechyd meddwl a dwi'n credu bod ganddo'r gallu i sbarduno math gwahanol o adferiad, adferiad llawer dyfnach. Pam? Oherwydd trwy fod yn ddynol, wrth drafod mae pethau'n gwneud synnwyr 'emosiynol' mewn ffordd nad yw ymarferion fel CBT (Therapi Ymddygiadol Gwybyddol) neu DBT (Therapi Ymddygiadol Dialectig) yn eu holl ogoniant mesurol yn gallu ei sicrhau, ddim o 'mhrofiad i fy hun, beth bynnag. Gall gofalwyr proffesiynol fod yn gymwys ac yn abl yn eu gwaith wrth gwrs, ond os nad oes ganddyn nhw'r gallu i gysylltu ar lefel ddynol, bydd llwyddiant eu gofal yn gyfyngedig.

Dwi'n teimlo mor ddiolchgar 'mod i wedi cael y cyfle i weithio gyda June ac i dderbyn gofal sydd wedi treiddio i feinweoedd tynnach nag erioed o'r blaen, diolch i'w haddfwynder ym maes iechyd meddwl. Dyw gweithio ar adferiad fyth yn hawdd. Dwi'n parhau i gael fy wythnosau isel ond dwi hefyd yn profi wythnosau llawer gwell.

Mae'n cymryd gweithiwr iechyd meddwl dewr a phroffesiynol i gysylltu ag unigolyn ar lefel ddynol; mae'n llawer iawn haws cynnig ymateb llawlyfr, ymateb gwrthrychol lled braich ar gyfer therapi a gofal. Mae bod yn gysylltiedig â nyrs ar lefel ddynol wedi rhoi gobaith newydd i mi – y math o obaith tanbaid sy'n teimlo'n llawer mwy nag unrhyw obaith dwi wedi ei deimlo yn y pedair blynedd diwetha. Am hynny dwi'n fythol ddiolchgar. Hir oes i'n Gwasanaeth Iechyd Gwladol ac i nyrsys arbennig iawn eu gwaith diflino fel June Jones. Mi fydda i'n meddwl yn aml y liciwn i fod fel June pan dwi'n tyfu i fyny! Peth rhyfedd i'w ddeud a minnau'n 32 mlwydd oed! Ond y gwir amdani ydy ei bod hi wedi creu argraff ddofn arna i. Mae hi'n eilun i mi.

Fyddai'r bennod yma ddim yn gyflawn heb i mi sôn am Sioned Glyn – ffrind annwyl i'r teulu ers blynyddoedd lawer. Ar fy ngorau a'm gwaethaf, roedd hi yno. Pan o'n i'n cael gadael yr ysbyty am gwpwl o oriau yng nghwmni'r teulu, roedd 'na wastad groeso cynnes ar ei haelwyd ym Mangor. Nid jyst croeso chwaith, ond roedd 'na glamp o ginio dydd Sul cartref gwych a gwydraid o fybli yn disgwyl amdana i. Ro'n i'n caru mynd yno hefyd gan fod ganddi gŵn defaid hyfryd, sy'n cynnig croeso heb ei ail ar bob achlysur. Pan oedd Mam ar ei dyddiau olaf yn brwydro yn erbyn canser, mi ofynnodd hi i Sioned a fyddai hi'n cadw golwg arnon ni ein tair. Mae hi wedi gwneud hynny gydag angerdd a charedigrwydd di-ben-draw.

Maen nhw'n deud bod y ffrindiau gorau yn rhai sy'n aros efo rhywun drwy'r gorau a'r gwaethaf. Un enaid o'r fath ydy Elin Wyn Huws, fy ffrind gorau ers blynyddoedd bellach. Drwy gydol y pum mlynedd diwetha, mae hi wedi eistedd wrth erchwyn fy ngwely yn sibrwd negeseuon o gryfder yn fy nghlust, hyd yn oed pan o'n i ar wyliadwriaeth hunanladdiad 24/7 ac angen cwmni nyrs yn barhaol. Weithiau mi fydda i'n pendroni o ble gafodd hi'r cryfder i fod yno cyhyd ac i fod mor anhunanol a charedig am y peth. Ma hi'n un mewn miliwn.

Mae gen i ffrind arbennig iawn arall hefyd, ffrind y bu i mi gwrdd â hi ar Twitter – Mary Hennessey. Rydan ni'n trydar bob dydd ac er bod gwahaniaeth oed rhyngon ni, mi fedra i rannu unrhyw beth â hi, o be ges i i swper i'r teimladau dwysaf un. Cysur ydy rhannu fy mywyd â hi a'i mab, Shane Cooke. Mae Mary wedi cefnogi Shane drwy ei frwydrau iechyd meddwl dwys personol ei hun ac mae dealltwriaeth a chefnogaeth y ddau yn donic pur. Maen nhw hefyd wedi agor fy llygaid i ddulliau o ymdrin â chyflyrau iechyd meddwl heb gyffuriau seiciatryddol cryfion. Pwy ddeudodd nad oes posib gwneud ffrindiau ar-lein? Diolch amdanynt.

Yn olaf, diolchaf gyda'm holl enaid i'm chwiorydd arbennig, Manon a Medi. Mae'r ddwy wedi bod drwy boen eithriadol yn y pum mlynedd diwetha, a minnau'n rhy wael yn aml i weld y pwysau ro'n i'n ei roi arnyn nhw. Manon, bob tro, oedd yn derbyn y galwadau ffôn anodd, gan yr heddlu, neu gen i pan o'n i yn yr ysbyty. Am bum mlynedd fe ollyngodd bopeth i fod wrth fy ochr. Roedd hi'n ymweld bob nos ac yn fy ngwthio yn aml i feddwl am y cariad oedd o fy nghwmpas. Manon yw fy efaill fel tripled; roeddan ni'n ddau hanner o'r un wy ac efallai mai hyn sy'n bennaf gyfrifol am ei hagosrwydd ataf, yn feddyliol ac yn emosiynol. Roedd Medi hefyd yn gwbwl arbennig, yn cynnig cefnogaeth ymarferol barhaus, boed hynny yn gwneud fy siopa wythnosol neu'n dod ag anrhegion i mi yn yr Uned. Mi gefais i sawl cap ganddi (caru capiau!) ac anrhegion eraill fel chwaraewr DVD ac oriawr. Yn ei thawelwch, roedd hi'n gryf ac yn gefn. Dwi'n cofio Mam yn deud wrthon ni yn feunyddiol mai dim ond ein gilydd fyddai 'na rhyw ddiwrnod, a daeth y dydd hwnnw yn gynt na'r disgwyl. Alla i fyth dalu'r ddyled yn ôl i Manon na Medi, dim ond diolch o waelod fy enaid am ddeall, helpu a chefnogi pan oedd eu bywydau nhw hefyd, dwi'n siŵr, yn agos at dorri dan straen fy ngwaeledd.

GWERSI BYWYD

Mae'r daith droellog hyd yma wedi lluchio ambell wers bwysig ar fy ffordd. Dyma rannu rhai ohonyn nhw:

1) Paid â bod ofn yr hyn sy'n anhysbys neu'n ddiarth.

Mae bywyd yn llawn troeon trwstan, ffyrdd diarwydd a moroedd sydd â cherhyntau amrywiol. Paid â bod ofn yr hyn sy'n ddiarth. Meddylia amdanyn nhw fel gwledydd newydd, di-fap. Yr unig ffordd sydd gen ti o ddarganfod eu trysorau a llywio dy ffordd drwyddynt yw trwy ddefnyddio dy ddychymyg a'u harchwilio.

2) Cred yn dy iaith dy hun.

Cred yn dy iaith, yn dy ffordd o feddwl am bethau, yn dy ffordd o ymateb i bethau, yn dy ffordd o siarad ag eraill. Dy iaith di yw'r unig iaith sydd gen ti, rwyt ti wedi bod yn prysur ddatblygu'r iaith feddyliol honno ers dy eni. Heb yr iaith honno fe allet ti golli dy feddwl.

3) Ymhyfryda yn y pethau syml.

Mae profi trasiedïau mawr yn fy mywyd wedi fy nghymell i ymhyfrydu yn y pethau syml − fy anadl gyntaf yn y bore, teimlo'r glaw ar fy nghroen, mwynhau pryd bwyd da, mwynhau creu atgofion. Wrth brofi colled, y pethau syml hyn fydd y pethau mawr fyddwn ni'n trio'u cofio.

4) Dysga rywbeth newydd bob dydd.

Mae addysg yn bwydo'r enaid. Dysga rywbeth newydd bob dydd – mae ein hysbryd angen maeth, fel y corff. Bydd yn chwilfrydig. Paid â bod ofn gofyn cwestiynau, waeth pa mor dwp rwyt ti'n ofni maen nhw'n swnio. Pan fyddi di'n peidio gwneud hyn mi fydd y meddwl yn marw.

5) Treulia amser ar dy ben dy hun yn ddyddiol.

Mae llawer yn osgoi gwneud hyn. Falle bod rhai hyd yn oed ag ofn gwneud hyn. Mae'n rhaid i bob person dderbyn ei hun yn y diwedd, a dyma un ffordd o ddechrau gwneud hynny.

6) Rhodd fwyaf bywyd yw cariad.

Cariad yw'r rhodd fwyaf un. Mae'n rhywbeth i'w ddathlu. Hyd yn oed yn y rhychau duaf, gall rhywun barhau i garu ffrindiau, teulu, partner, ayyb... Mae bywyd yn anrhagweladwy. Os medri di, dwed wrth y rhai rwyt ti'n eu caru dy fod di'n eu caru.

7) Dyw mynd yn ôl i'r ysbyty ddim yn fethiant.

Mae'n rhaid i mi atgoffa fy hun o'r wers fach hon. 'Methiant' fyddai llwyddo i derfynu fy mywyd.

DIWEDD

Rydan ni'n byw mewn byd sy'n gosod llwyddo a chyflawni uwchlaw bron popeth. Dyma'n aml un o gwestiynau cyflogwyr – ble dach chi'n gweld eich hunain mewn 5 i 10 mlynedd? Am gwestiwn ydy hwnnw! Cwestiwn sydd wedi achosi penbleth i mi ar hyd y blynyddoedd. Nid Mystic Meg ydw i, fel y gwyddoch, siawns. Felly dwi ddim wir yn 'gweld fy hun' mewn un lle penodol yn y dyfodol hwnnw. Mae lle y bydda i bryd hynny'n seiliedig ar nifer helaeth o ffactorau sydd eto i ddod, dwi'n tybio.

Mae'n eironig 'mod i'n ysgrifennu'r pwt hwn wrth orwedd ar wely mewn uned seiciatryddol ar ôl ceisio terfynu fy mywyd. Ddychmygais i 'rioed y byddwn i'n gorwedd ar wely ysbyty mewn uned seiciatryddol pan o'n i'n ferch fach yn eistedd ar y wal goch yn syllu ar y sêr. Ond yma ydw i. Feddyliais i 'rioed chwaith am fywyd heb Mam. Ond ei cholli hi wnaethon ni i greulondeb canser yn llawer rhy ifanc.

Efallai mai'r wyrth fwyaf ydy 'mod i wedi llwyddo i sgwennu'r llyfr hwn o gwbwl. Dyw gwneud hynny ddim wedi bod yn hawdd ar adegau. Mae bywyd wastad wedi bod yn enigma i mi a dydw i ddim nes at ei ddeall rŵan na'r hyn o'n i'n ferch fach, taswn i'n hollol onest. Dwi ar drothwy'r anwybod wrth i mi gymryd pob cam bach ymlaen ac alla i ddim darogan nac addo y bydda i yma am unrhyw hyd penodol o amser i ddod. Mae'n teimlo chydig fel petawn i ar daith drwy anialwch sydd â'i ehangder y tu hwnt i fy amgyffred i. Does wybod pryd, os o gwbwl, y do i ar draws y werddon honno sydd mor hanfodol i'm parhad. Dwi wedi bod yn lwcus hyd yma. Ond mae posibilrwydd na fydda i mor lwcus y tro nesa – ac na ddo i o hyd i ffynnon bywyd hanfodol. Yn y cyfamser, yr unig beth y medra i ei wneud ydy rhannu fy mhrofiadau ar y daith hon gan obeithio y gall hynny wneud gwahaniaeth i fywydau unigolion eraill sy'n ymladd brwydrau tebyg.

Mi fydda i'n dal fy hun yn eithaf aml yn meddwl am yr hen granc hwnnw y gwnes i ei ryddhau ar y traeth. Tybed beth yw ei hanes bellach? Mor hyfryd fyddai gweld eraill sydd wedi bod drwy'r drin yn delio efo bywyd fel yr hen granc hwnnw wedi i mi ddatod y lein bysgota oedd yn ei gaethiwo. Ar ôl disgyn, ailgodwn fel yr hen granc, a mentro drwy'r tywod yn syth yn ein blaenau i'r môr mawr – a dechrau eto.

y Lolfa

GYRRU DRWY STOROM

*Profiadau dirdynnol o fyw
gyda salwch meddwl*

———

Angharad Gwyn · Angharad Tomos · Alaw Griffiths
Bethan Jenkins · Caryl Lewis · Geraint Hardy
Hywel Griffiths · Iwan Rhys · Llyr Huws Gruffydd
Dr Mair Edwards · Malan Wilkinson

Gol. Alaw Griffiths

£7.99

y Lolfa

Galar a Fi

Profiadau ingol o fyw gyda galar

gol. Esyllt Maelor

Branwen Williams, Manon Steffan Ros, Luned Rhys, Cris Dafis,
Gareth Roberts, Nia Gwyndaf, Arthur Roberts, Iola Lloyd Owen,
Sharon Marie Jones, Llio Maddocks, Mair Tomos Ifans,
Dafydd John Pritchard, Manon Gravell, Sara Maredudd Jones

£7.99

CODI LLAIS

Bywyd Merched Yng Nghymru Heddiw

Gol. Menna Machreth

Mabli Jones, Elliw Gwawr, Fflur Arwel, Rhiannon Marks, Meleri
Davies, Siân Harries, Sara Huws, Enfys Evans, Elin Jones,
Lisa Angharad, Mari McNeil, Elena Cresci, Kizzy Crawford

£7.99

y Lolfa

Syllu ar walia'

FFION DAFIS

Ysgrifau am fywyd, Cymru a thu hwnt

£8.99

Am restr gyflawn o lyfrau'r Lolfa, mynnwch
gopi am ddim o'n catalog
neu hwyliwch i mewn i'n gwefan

www.ylolfa.com

lle gallwch archebu llyfrau ar-lein.

TALYBONT CEREDIGION CYMRU SY24 5HE
ebost ylolfa@ylolfa.com
gwefan www.ylolfa.com
ffôn 01970 832 304
ffacs 832 782

Argraffwyd gan Y Lolfa
Holwch am bris